미시경제학
한입에 털어 넣기

미시경제학
한입에 털어 넣기

경제학 초보자를 위한 입문의 입문

사카이 도요타카 지음
신희원 옮김

갈라파고스

들어가며

미시경제학을 공부하기 시작한 사람, 공부하고 있는 사람, 경제학의 기초를 단단하게 쌓고 싶은 사람. 그리고 경제학이든 미시경제학이든 어려워서 절절매고 있는 사람. 이 책을 펼친 사람들은 대부분 이런 유형일 것이다.

눈을 씻고 찾아봐도 미시경제학을 쉽게 설명했다는 책은 별로 없다. 하지만 괜찮다. 이 책이 여러분을 인도할 테니. 엄밀히 말하자면 이 책은 입문의 입문이니 '입문서'라고 불러도 될지 모르겠지만 일일이 따지는 건 그만두자. 이 책의 장르가 무엇인지 신경 쓰는 것보다는 무차별곡선이나 최적해, 잉여나 내쉬 균형처럼 경제학의 참맛을 느끼는 데 시간을 할애하는 편이 낫다.

나는 지금까지 여러 곳에서 미시경제학을 가르쳤고 지금도 가르치고 있다. 대학은 물론이고 관공서와 싱크탱크에서 연수를 담당하기도 했다.

그래서 분명히 말할 수 있는 것은, 미시경제학을 어려워하는 사람이 많다는 것이다. 이유는 대개 비슷하다. 미분 계산에서 좌절하거나 남해나 서해처럼 구불구불한 리아스식 해안선 같은 복잡한 그림이 어렵기 때문이다.

나에게도 비슷한 기억이 있다. 대학생 때 미시경제학 비슷한 수업에서 '독점 기업의 이윤함수'가 나왔다. 그때만 해도 난 공부와는 담을 쌓은 학생이었지만, 왠지 그 수업만큼은 열심히 듣고 싶어서 수업에도 빠짐없이 나가고 노트 필기도 열심히 했다. 그런데 교수님이 함수를 미분하는 순간, 내용을 이해하기는 커녕 교수님이 무슨 소리를 하는 건지도 알 수가 없었다. 마치 강의실에 혼자 남겨진 듯한 기분이었다. 지금 생각하면 그 함수는 합성함수의 미분이었던 것 같다. 하지만 나는 그때 이미 의욕을 잃었고 남은 수업을 모두 빠졌다.

그 후 살다 보니 미시경제학을 가르치는 일을 하게 되었다. 왜 이렇게 되었는지는 대학생 때 교수님이 미분을 하던 순간만큼이나 알 수 없지만, 기왕 가르치게 되었으니 그때의 나와 같은 학생은 만들고 싶지 않다. 단언컨대 미시경제학은 단순하고, 예비지식 따위는 필요 없는, 매우 공부하기 쉬운 학문이다.

현대의 표준적인 경제학에서는 어떤 응용 분야든 미시경제학이 기초가 된다. 그만큼 미시경제학은 다른 학문의 기초를 이룰 수 있을 정도로 단단하고 단순하며, 사전 지식 없이도 배울 수 있다. 그럼에도 미시경제학에서 손을 놓는 사람이 많은데, 이는 계산과 복잡한 그림에 좌절하기 때문이다. 그렇게 되면 이후의 경제학 공부에 큰 지장을 받는다. 이것은 굉장히 아까운 일이며 사회적 손실이라 생각한다. 이 책은 이러한 손실이 일어나지 않게 하려고 쓴 것이다.

이 책의 전체적인 특징은 다음과 같다.

첫 번째는 수식과 복잡한 그림을 쓰지 않는다는 점이다. 어쩌다 계산이 나오기도 하지만 초등학교 2학년 수준이다. 대신에 간단한 그림을 많이 그린다. 그림도 그리지 않는 미시경제학 책을 만들려면 만들 수야 있겠지만, 독자가 이해하기에 그다지 친절한 책은 아니다. 문장으로 된 설명을 그림으로 그려 볼 때, 지금 자신이 공부하는 내용이 '이런 거구나' 하고 감을 잡을 수 있다. 문장과 그림은 악보와 음의 관계와 같은데, 서로 어우러지며 이해에 깊이를 더해주기 때문이다. 그림을 이용하면 학습 효율이 높아진다.

두 번째는 '들어가는 말'처럼 일상적인 언어로 설명한다는 점이다. 이건 본문을 보면 무슨 말인지 이해할 수 있을 것이다. 가볍게 읽을 수 있는 문체로 책을 구성했다.

세 번째는 표준 내용을 간결하게 정리했다는 점이다. 다른 사람들처럼 나 또한 얇은 책은 오랫동안 붙들지 않고 술술 읽는 것을 좋아한다. 미시경제학을 공부하려는 여러분도 다른 하고 싶은 일, 해야 할 일이 많을 테니 이 책으로 시간 배분을 최적화했으면 한다.

미시경제학은 소비자 한 사람 한 사람과 기업 하나하나와 같은 미시적인 경제 주체를 통해 거시적인 시장이나 정책 효과를 분석하는 학문이다. 이 책도 미시적인 경제 주체에서 시작해 거시적인 시장의 움직임 등으로 이야기의 무대가 이동한다. 각 장의 입구에는 그 장의 역할을 적어두었다. 지금부터는 구성상의 특징을 세 가지로 간단히 설명하겠다.

첫 번째는 게임 이론을 활용하는 방법이다. 현대 미시경제학에서 사람들의 전략적 행동을 설명한 게임 이론은 빼놓을 수 없다. 하지만 대부분의 교과서는 마지막에 게임 이론에 대한 장을 따로 둔다. 그러나 이 책은 필요에 따라 곳곳에 게임 이론과 관련된 설명을 넣었다. 게임 이론이 마치 공기처럼 당연해진 현대 경제학을 고려하면 게임 이론을 이렇게 다루는 편이 맞다고 생각한다.

두 번째는 의료보험과 과세 등, 현대 사회의 여러 문제에 관한 설명을 많이 덧붙였다는 점이다. 이론을 통해 현실을 더욱 잘 관찰할 수 있을 것이다.

세 번째는 마지막 장에서 격차와 빈곤을 다룬다는 점이다. 경제학은 뭐니 뭐니 해도 돈을 다루는 학문이다. 사회의 부를 세로 방향으로 늘리는 동시에 가로 방향으로 넓히는 문제를 이야기하지 않고서는 경세제민經世濟民(세상을 다스리고 백성을 구제함)의 학문으로서 균형을 잃고 만다.

오리엔테이션은 이쯤에서 마치고, 이제 슬슬 미시경제학 이야기를 시작해보자. 오래 붙들 필요 없이 가볍게 읽고 나면 미시경제학의 기초 지식에 완전히 익숙해져 있을 것이다.

차례

도판 제작: 마에다 시게미

01

무차별곡선

인간의 취향을 그림으로 그리다

1장과 2장에서는 개별 소비자를 살펴보기 위한 밑바탕 작업을 할 것이다. 소비자 개인은 시장에서 의사결정을 내리는 기본단위로, 말하자면 미시적인 존재다. 1장에서는 다양한 재화에 대한 소비자의 취향을 무차별곡선이라는 그림으로 나타낸다. 사람에 따라, 재화에 따라 무차별곡선의 모양은 달라진다. 일반적인 무차별곡선을 그리는 것이 1장의 목표다.

곡선이 무차별하다고?

—

나는 콜라를 좋아한다.

콜라면 뭐든 좋다. 특히 더울 때, 달리기한 후, 갈증이 심하게 나는 오후에 마시는 콜라는 더할 나위 없다. 유리잔에 넘칠 만큼 부어 단숨에 들이킬 때의 기분은 단연 최고다. 혹은 교실에서, 지하철을 기다리는 승강장에서, 길가의 자동판매기 앞에 서서 마시기도 한다. 콜라 캔, 병, 페트병을 따면 나는 치익하는 탄산 소리에 마음이 설렌다. 코카콜라든 펩시콜라든 상관없다. 달고 탄산이 목을 톡 쏘며 콜라 특유의 짜릿한 향기만 나면 된다.

자, 지금부터 코카콜라를 '코카콜라'로, 펩시콜라를 '펩시'로 부르기로 하고 미시경제학 이야기에 들어가자. 가장 먼저 다룰 이야기의 재료는 코카콜라와 펩시에 대한 나의 취향이다. 왜 미시경제학 이야기에서 내 취향을 꺼내는가 하면, 나는 다른 사람에 대해서는 잘 모르지만 나에 대해서는 그럭저럭 잘 알기 때문이다. 그리고 코카콜라와 펩시에 대한 나의 취향은 아주 간단해서 이해하기 쉽다는 장점도 있다.

미시경제학에서는 개인이라는 미시적인 존재의 행동을 통해 시장과 정부 같은 거시적인 존재의 움직임을 분석한다. 따라서 개인의 행동을 바라보는 방법은 이 학문의 토대를 어떻게 쌓을지와 깊은 연관이 있다. 그 첫 번째 방법으로 개인의 행동을 설명하는 데 편리한 '무차별곡선'이라는 도구를 설명하고자 한다. 코카콜라와 펩시에 대한 나의 취향은 이 무차별곡선을 설명하기 위한 재료다.

우선 제일 강조하고 싶은 것이 있다. 나에게 코카콜라 한 캔과 펩시 한 캔은 항상 같은 가치를 지닌다. 이유는 딱히 설명하기 어렵지만, 그냥 살다보니 내 입맛과 생활 습관이 그렇게 굳어졌다.

그러니 만일 누군가가 나에게 콜라를 선물하고 싶다면 코카콜라를 줄지 펩시를 줄지, 혹은 몇 개씩 섞어야 할지 신경 쓰지 않아도 된다. 그것보다는 총 몇 개인지가 중요하다. 코카콜라가 몇 개고 펩시가 몇 개인지는 중요하지 않다. 그냥 콜라가 많으면 많을 수록 좋다.

이러한 취향을 전제로 코카콜라와 펩시의 조합에 관한 취향을 조금 더 구체적으로 따져보자. 코카콜라만, 혹은 펩시만이 아니라 코카콜라와 펩시의 '조합'이 바로 이 이야기의 핵심이다. 그리고 코카콜라와 펩시뿐만 아니라 모든 재화의 조합에 대한 소비자의 취향을 경제학에서는 '선호'라고 한다.

'코카콜라 1캔과 펩시 2캔'은 하나의 조합으로, 이것을 A라고 부르자. 물론 이밖에도 여러 가지 조합이 있다. 가령 '코카콜라 2캔과 펩시 1캔'이라는 조합도 가능하므로 이것을 B라고 부르기로 한다.

A와 B 중 어느 쪽을 좋아하느냐고 하면, 나는 콜라가 총 몇 개인지만 신경 쓰므로 선호하는 정도가 같다. 그리고 경제학에서는 같은 정도로 선호함을 '무차별'하다고 말한다. 따라서 나에게 A와 B는 무차별하다.

다음으로 '코카콜라 0캔과 펩시 3캔'이라는 조합에는 C라는 이름을 붙인다. 이 조합에는 코카콜라가 하나도 들어 있지 않고 펩시만 3캔 있다. 반대로 '코카콜라 3캔과 펩시 0캔'의 조합은 D라고 부르기로 하자. 나에게는 콜라의 개수만 중요하므로 C

든 D든 A나 B와 무차별하다. 나에게 코카콜라와 펩시는 얼마든 지 서로 대신할 수 있는 물건인데, 이러한 관계를 경제학에서는 완전한 '대체관계'에 있다고 말한다.

이제 나의 취향을 그림으로 그려 보자. 무차별한 조합을 이어서 선으로 만들면 된다. 이렇게 그림으로 나타내 보면 나에게 무엇과 무엇이 무차별하고, 무엇과 무엇이 무차별하지 않은지 한눈에 알 수 있다.

무차별곡선뿐만 아니라 이 책에서는 그림을 많이 활용한다. 그림으로 그리는 일 자체가 이해에 깊이를 더해주고, 분석을 더욱 심화하는 데 편리하기 때문이다.

경제학은 여러 사회과학 학문 중에서 수학을 가장 많이 활용한다. 그 이유는 단순하다. 경제학이 다루는 대상에는 재화의 양, 가격, 비용 등 수학으로 나타내는 것이 많기 때문이다. 가령 정치학처럼 사회상을 근본에서부터 고찰하거나 문장을 깊이 있게 읽는 작업의 비중이 높은 학문은 수학으로 표현하기 어렵다.

수학은 논리 전개가 명확하다는 점에 특화된 특수한 언어다. 수학을 활용할 수 있으면 논리 전개가 분명해지고 실수를 방지할 수 있어 편리하다. 따라서 경제학에는 식을 세워서 문제를 푸는 분석이 많다. 19세기 초반에 프랑스의 수학자 꾸르노Cournot

가 독점 시장에 관한 연구를 발표했는데, 이 연구는 19세기 후반의 경제학과 20세기 중반까지의 게임 이론이 발전하는 데 지대한 영향을 미쳤다. 그리고 이러한 학문이 발전하는 데 수학을 활용한 정식화가 중요한 역할을 했다.

하지만 이 책은 수식을 거의 쓰지 않는다. 수식을 쓰지 않고 어떻게 수리 분석에 해당하는 개념을 설명하는가 하면, 바로 그림으로 풀이한다. 수학을 많이 쓰는 경제학자도 분석 대상을 일단 그림으로 그린 후, 이를 통해 얻은 직관을 수식의 형태로 나타내는 경우가 많다.

줄글로 쓰인 설명을 읽고 이해했다 싶은 내용도 막상 그림을 그려 보면 제대로 이해하지 못했다는 것을 알아차릴 때가 많다. 그리고 일단 그림을 그리는 데 성공하면 그림을 바라보는 사이에 '아, 그렇구나' 하고 새로운 사실을 발견하기도 한다. 다시 말해 그림을 그리는 행위는 문제를 이해하고 깊이를 더하는 데 매우 효과적이다.

문장과 그림을 오고 가는 것이 처음에는 다소 귀찮게 느껴질지도 모른다. 하지만 어려운 일은 아니므로 금세 익숙해질 것이다. 미시경제학을 효과적으로 배우는 방법이니 이 책을 통해 익숙해졌으면 한다.

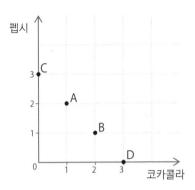

〈그림 1-1〉 코카콜라와 펩시의 조합.

이제 본격적으로 그림을 그려 보자.

〈그림 1-1〉의 각 점은 '코카콜라와 펩시의 조합'을 나타낸 것인데, 가로축에 코카콜라의 개수, 세로축에 펩시의 개수를 나타냈다. 예를 들어 '코카콜라 1캔과 펩시 2캔'의 조합인 A는 〈그림 1-1〉의 점 (1, 2)로 나타낼 수 있다.

나에게 A, B, C, D는 모두 무차별하다. 이렇게 무차별한 점들을 선으로 이어 보자. 이 선이 '무차별곡선indifference curve'이다(〈그림 1-2〉).

지금 그린 〈그림 1-2〉의 무차별곡선은 구부러지지 않고 곧으므로 직선이라고 생각하는 사람도 있을 것이다. 보통 일상에서 직선이라고 부르는 선의 모양과 지금 그린 선의 모양이 같으

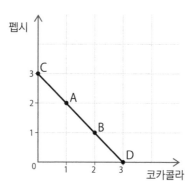

<그림 1-2> 점 ABCD를 이은 나의 무차별곡선.

므로 직선이라고 부르고 싶겠지만 수학적으로는 직선 또한 특이한 형태의 곡선이다. 그러니 여기서는 모두 '곡선'이라고 부르기로 한다.

무차별곡선이 이렇게 구부러지지 않고 곧은 이유는 내가 코카콜라와 펩시를 더할 나위 없이 평등하게 대하는 특이한 선호를 가졌기 때문이다. 만일 그렇지 않다면 선은 어디선가 구부러지기 마련이다.

예를 들어 '코카콜라 3캔'과 '코카콜라와 펩시 각각 1캔'과 '펩시 4캔'을 무차별하게 선호하는 사람을 떠올려 보자. 다시 말해 (3, 0)과 (1, 1)과 (0, 4)를 무차별하게 선호하는 사람이다. 세 점을 잇는 이 사람의 무차별곡선은 (1, 1)에서 구부러진다(〈그림

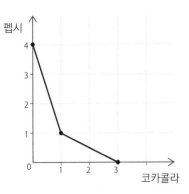

펩시

코카콜라

〈그림 1-3〉 점 (1, 1)에서 구부러지는 누군가의 무차별곡선.

1-3〉).

나의 무차별곡선은 하나가 아니다. 예를 들어 나에게 '펩시만 2캔'과 '코카콜라 1캔과 펩시 1캔'과 '코카콜라만 2캔'은 무차별하다. 따라서 (0, 2)와 (1, 1)과 (2, 0)을 이은 선도 무차별곡선이다(〈그림 1-4〉).

실제로 나의 무차별곡선은 그밖에도 무수히 많다. 예를 들어 (0, 5)와 (5, 0)을 이은 직선, (0, 6)과 (6, 0)을 이은 직선, 그리고 그 위에 무한대로 직선이 존재한다(〈그림 1-5〉).

나는 콜라의 합계가 늘면 늘수록 기쁜 사람이므로 위에 있는 무차별곡선일수록 아래에 있는 무차별곡선보다 선호한다는 것을 알 수 있다. 예를 들어 (0, 3)을 지나는 무차별곡선 X와 (0,

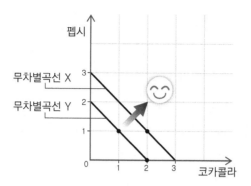

〈그림 1-4〉점 (0, 2)를 지나는 무차별곡선 Y를 추가했다.
나는 Y 위의 점 (0, 2)보다도 X 위의 점인 (2, 1)을 선호한다.

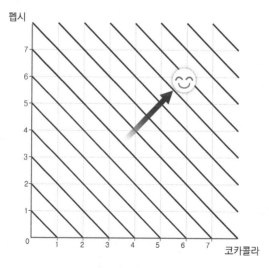

〈그림 1-5〉사실은 무수히 많은 나의 무차별곡선들.

2)를 지나는 무차별곡선 Y를 비교해 보자. 나는 X 위를 지나는 모든 점을, Y 위를 지나는 모든 점보다 선호한다. 예를 들어 X 위에 있는 (2, 1)과 Y에 있는 (0, 2)를 비교했을 때 나는 (2, 1)을 (0, 2)보다도 선호한다(〈그림 1-4〉).

이것을 교환의 관점에서 바라보자. 나는 누군가에게 '코카콜라를 2캔 주고 펩시를 1캔 받는다'는 제안에는 응하지 않는다. 이렇게 교환했을 때 나의 (2, 1)은 (2-1, 1+1), 즉 (0, 2)로 바뀌는데 이런 변화는 나의 선호 상 바람직하지 않기 때문이다.

물론 이것은 어디까지나 나에게 해당하는 이야기일 뿐, 코카콜라 2캔을 주고 펩시 1캔을 손에 넣고 싶은 사람도 있는 법이다. 우리 아버지가 그렇다.

펩시만 마시는 아버지

—

아버지는 펩시밖에 안 마신다. 코카콜라는 거들떠보지도 않는다. 내가 "아, 아버지 콜라 좋아하시죠" 하며 깜빡하고 코카콜라를 건네면 일단은 웃으며 "고맙구나" 하고 말하시지만 콜라에는 손도 대지 않는다. 나는 콜라를 좋아하는 닮은꼴 부자지간이라고 생각하지만, 아버지는 펩시에 대한 기호 차이 때문에 부자 지간을 갈라놓는 벽이 있다고 느낄지도 모른다. 코카콜라에 손도 대지 않는 아버지를 볼 때면 '나는 아버지에 대해 모르는 점이 많구나' 하는 생각을 하게 된다.

타인에 대해 잘 모른다는 사실은 경제학을 공부할 때 매우 중요하다.

우선 단순하게 말하자면, 받았을 때 기뻐할 만한 물건을 선물하기란 매우 어렵다. 세상에는 누군가에게 선물을 주고도 "이런 거 필요 없는데" 하는 실망 섞인 말을 듣거나 혹은 반대로 자신이 선물을 받고 실망한 경험이 한 번쯤 있을 것이다. 여러분에게도 '이런 거 말고 차라리 돈으로 주지'라고 생각하거나 누군가에게 그것을 내색한 적이 있지 않은가.

이 사실은 중앙당국을 통한 배급 시스템보다 자유로운 시장이 사람들의 취향에 맞는 재화를 배분하기가 쉽다는 점과 관계가 있다. 예를 들어 아버지에게 코카콜라를 배급해도 코카콜라는 아버지에게 가치가 없는 물건이다. 그리고 보통 이러한 사실을 중앙당국은 알지 못한다.

코카콜라의 낭비를 막으려면 아버지는 중앙당국에 "나는 오로지 펩시뿐이오. 코카콜라는 필요 없소"라고 사전에 말해둬야

한다. 비단 우리 아버지뿐만이 아니다. 나 또한 "코카콜라든 펩시든 아무거나 상관없습니다" 하고 사전에 알려야 한다. 모든 사람이 미리 선호에 관한 정보를 중앙당국에 알리지 않으면 사람들의 취향과는 달리 물자가 아깝게 배분되는 사태가 벌어진다.

게다가 마실 것은 코카콜라와 펩시만 있는 게 아니다. 탄산음료만 해도 사이다나 환타, 혹은 요즘 유행하는 탄산수 등 셀수 없이 많다. 모든 음료수에 대한 자신의 선호를 미리 중앙당국에 알린다는 것은 비현실적이다. 실제로 이런 일을 한다고 하면 한없이 귀찮은 일일 것이다. 거기다 모든 사람이 이렇게 한다면 중앙당국은 방대한 정보를 처리해야 하므로 애를 먹게 된다.

한술 더 떠서 말하면, 사람들의 취향에 맞추기 어려운 배급 시스템 경제에서 사람들의 다양한 취향을 충족할 정도로 여러 종류의 탄산음료가 개발될지도 의심스럽다.

이렇게 생각해 보면 중앙집권적인 배급 시스템보다 사람들이 각자 원하는 대로 사고파는 자유 시장이 물자를 더 잘 배분할 수 있을 것 같지 않은가. 사람들은 중앙당국에 각자의 선호 정보를 하나하나 전달하여 고도로 계산된, 혹은 계산되었을 배급을 기다릴 필요가 없다. 시장에서 원하는 물건을 사고 원하지 않는 물건은 사지 않으면 그만이다. 펩시를 좋아하는 아버지는 스스

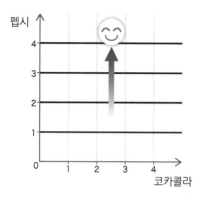

〈그림 1-6〉 아버지의 무차별곡선.

로 펩시를 사러 시장에 간다. 이런 취향을 가진 아버지의 무차별
곡선은 펩시에만 반응하므로 수평으로 그려진다(〈그림 1-6〉).

보통의 취향

—

나에게는 코카콜라와 펩시의 가치가 완전히 똑같지만 아버
지에게는 펩시만 가치를 지닌다. 우리의 취향은 극단을 달린다
고 말할 수 있다. 그렇다면 나와 아버지만큼 극단적이지 않고 좀
더 평범한 취향을 가진 사람의 무차별곡선은 어떤 모양일까? 이

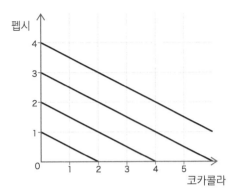

〈그림 1-7〉 평범한 펩시 팬의 무차별곡선.

제부터 나와 아버지의 무차별곡선 '사이'에 있는 선을 그림으로
그려 보자. 나와 아버지 같은 극단적인 선이 아닌 평범한 무차별
곡선은 어떻게 그리는지 설명하겠다. 사실 지금부터 살펴볼 내
용을 위해 여태껏 나와 아버지를 동원하여 무차별곡선의 개념
을 이야기한 것이다.

우선 '펩시가 좋지만 코카콜라도 나쁘지 않다'고 생각하는
적당한 펩시 애호가를 살펴보겠다. 예를 들어 〈그림 1-7〉의 무
차별곡선을 보자. 이 그림은 나의 무차별곡선을 좀 더 평평하게
해서 아버지의 무차별곡선에 가깝게 그린 것이다. 다시 말해 이
무차별곡선은 나의 무차별곡선과 아버지의 무차별곡선 '사이에

있는' 선이다. 이 무차별곡선을 보면 이 펩시 애호가는 '코카콜라 2캔과 펩시 1캔이 언제나 무차별'하다는 사실을 알 수 있다.

오른쪽 신발과 왼쪽 신발로 알아보는 보완재

—

나에게 코카콜라와 펩시는 완전한 대체관계에 있다. 그렇다면 반대로 대체관계가 전혀 없는 재화에는 어떤 것이 있을까? 신발의 왼쪽과 오른쪽으로 이 문제를 생각해 보자.

여러분은 혹시 신발의 한쪽만 못 쓰게 된 경험이 있는가? 오른쪽 신발만 구멍이 났다든지, 밑창이 너무 닳았다든지, 큰 흠집이 나면 그 신발을 신을 수 없다.

나 같은 경우, 아끼던 운동화의 오른쪽 신발에 뭔가가 묻어서 그것을 지우려고 표백제에 담갔다가 선명한 파란색이 번진 적이 있다.

그렇다면 이때 왼쪽 신발은 어떻게 될까? 왼쪽 신발은 멀쩡하지만 신을 수 없게 된 것은 매한가지다. 왼쪽 신발은 오른쪽 신발과 함께 사용될 때에만 땅 위를 디딜 수 있기 때문이다. 왼쪽과 오른쪽은 서로 부족함을 채워주는 (완전한) **보완관계**에 있

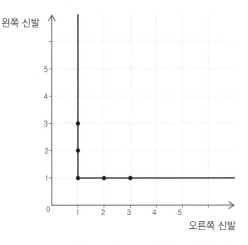

왼쪽 신발

오른쪽 신발

〈그림 1-8〉점 (1, 1)을 지나는 무차별곡선.

다.

오른쪽 신발을 가로축, 왼쪽 신발을 세로축으로 해서 조합에 대한 선호를 나타내는 무차별곡선을 그려 보자. 일단 양발이 하나씩 있는 상태가 (1, 1)이다. 여기서 오른쪽 신발을 하나 더 선물 받으면 (2, 1)이 된다. 하지만 오른쪽 신발만 하나 더 생긴들 딱히 고맙지도 않으므로 (1, 1)과 (2, 1)은 무차별하다. 여기서 또 오른쪽 신발을 하나 더 선물 받아서 (3, 1)이 되어도 역시 기쁨은 커지지 않는다. 다시 말해 (3, 1)과 (2, 1)은 무차별하다(〈그림 1-8〉).

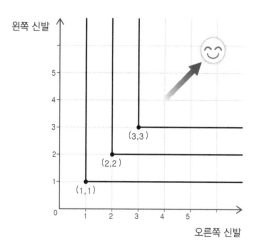

〈그림 1-9〉점 (2, 2)와 점 (3, 3)을 지나는 무차별곡선도 추가.

완전한 보완관계에 있는 재화의 무차별곡선은 이렇게 L자 형으로 그려진다.

처음 상태인 (1, 1)과 왼쪽 신발이 하나 더 늘어난 (1, 2) 또 는 거기서 왼쪽 신발이 하나 더 늘어난 (1, 3)도 역시 오른쪽 신 발만 증가했을 때처럼 무차별하다. 그리고 또 (2, 2)를 지나는 무 차별곡선과 (3, 3)을 지나는 무차별곡선도 똑같은 식으로 그릴 수 있다(〈그림 1-9〉).

그러나 오른쪽 다리에 장애가 있어서 왼쪽 신발만 신는 '특 별한 사람'의 무차별곡선은 펩시만 선호하는 아버지와 같은 모

양의 무차별곡선이 된다. 아버지가 펩시에만 반응하듯이 왼쪽
신발만 선호하는 것이다.

전형적인 무차별곡선이란?
—

내가 코카콜라와 펩시를 대하는 것처럼 두 가지 재화가 교
환 가능한 대체관계에 있거나 오른쪽 신발과 왼쪽 신발처럼 한
쌍이 아니면 쓸모가 없는 보완관계에 있을 확률은 매우 낮다.

대부분 두 가지 재화는 제 나름대로 대체성이 있거나 보완
성이 있다. 빵과 커피로 말하자면 둘 다 아침 식탁에 있으면 좋
겠지만, 둘 다 없는 것보다는 하나라도 있는 편이 낫다. 돈과 휴
가 역시 둘 다 있으면 좋지만, 쉬기만 하면 생활비에 쪼들리고
일만 하면 건강을 해친다. 대부분은 제대로 된 식사와 일과 삶의
균형을 원한다. 이렇듯 사람들은 어느 정도 균형 잡힌 재화의 조
합을 선호한다.

〈그림 1-10〉과 〈그림 1-11〉은 코카콜라와 펩시에 대한 나
의 무차별곡선(곧게 뻗은 직선)과 오른쪽 신발과 왼쪽 신발에 대
한 무차별곡선(직각으로 구부러진 선)이다. 이 두 무차별곡선의

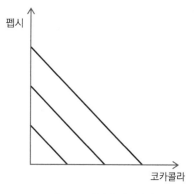

〈그림 1-10〉 완전한 대체관계.

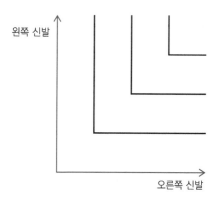

〈그림 1-11〉 완전한 보완관계.

'사이에 있는' 무차별곡선이 〈그림 1-12〉다. 곧게 뻗은 선과 L자 형의 직각으로 구부러진 선의 중간이므로 완만한 커브 모양을 띤다. 다시 말해 완전히 대체하지도 않고 보완하지도 않는 더욱

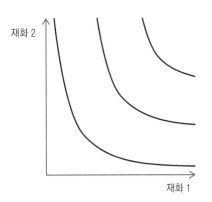

재화 2

재화 1

〈그림 1-12〉 완전한 대체관계와 완전한 보완관계의
사이에 있는 일반적인 무차별곡선.

전형적인 무차별곡선을 그리면 〈그림 1-12〉처럼 부드러운 곡선
모양이 된다.

이제 무차별 '곡선'이라는 이름이 딱 들어맞는다. 실제로 전
형적인 무차별곡선은 직선이 아니라 곡선을 떠올리는 것이 적
절하다. 코카콜라와 펩시를 예로 들면, 직선인 무차별곡선은 나
처럼 '코카콜라와 펩시는 항상 같은 가치'거나 아버지처럼 '펩
시에만 가치' 혹은 〈그림 1-7〉의 사람처럼 '코카콜라 2캔과 펩
시 1캔은 항상 같은 가치'처럼 극히 단순하고 규칙적인 취향을
나타내기 때문이다. 그러나 대부분의 사람들의 취향은 이렇게
단순하고 규칙적이지 않다.

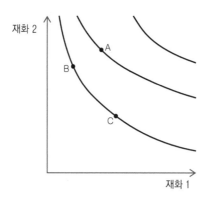

〈그림 1-13〉 어떤 사람의 무차별곡선.
A를 B와 C보다 선호하고 B와 C를 똑같이 선호한다.

재화의 조합에 대한 선호는 무차별곡선으로 표현할 수 있다. 물론 선호는 사람마다 크게 달라지기도 한다. 〈그림 1-13〉의 무차별곡선이 말하는 선호를 가진 사람으로 말하자면 A를 B보다 선호하고 B와 C를 똑같이 선호한다. A의 무차별곡선은 B의 무차별곡선보다 위에 있고, 또 B와 C는 같은 무차별곡선에 있기 때문이다.

사람의 취향은 다양하므로 곡선의 모양도 가지각색이다. 그리고 동일 인물이라고 하더라도 무차별곡선마다 모양이 다를 수 있다. 〈그림 1-14〉는 그 사실을 나타낸 것으로, A를 지나는 무차별곡선과 C를 지나는 무차별곡선은 곡선의 모양이 다르다.

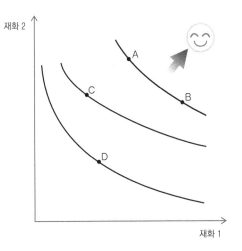

〈그림 1-14〉 어떤 사람의 취향을 나타낸 무차별곡선.
여기서는 3개의 무차별곡선만 그렸지만, 실제로 이 사람의
무차별곡선은 무수히 많이 존재하며, 이 그래프를 꽉 채우고도
남는다. 하지만 선을 더 그리면 그림이 복잡해지므로
이해하는 데 꼭 필요한 선만 그리기로 한다.

이 그림은 1장의 최종 학습 목표이니만큼 특별히 중요한 점을 짚고 넘어가자.

• 한 무차별곡선 위에 있는 점들은 그 사람에게 무차별하다. 예를 들면 점 A와 점 B는 무차별하다.

• 위에 있는 무차별곡선 상의 점일수록 그 사람이 더 선호

하는 것이다. 예를 들면 점 A(또는 점 B)는 점 C보다도 선호하며, 점 C는 점 D보다도 선호한다.

기술적으로 주의할 점이 하나 있다. 지금까지는 '코카콜라 2 캔'과 '펩시 3캔'처럼 재화의 수량을 정수로만 표현했다. 하지만 앞으로는 '코카콜라 2.5캔' 같이 정수가 아닌 숫자도 허용한다. 정수로만 이야기하면 그림의 (1, 1)처럼 딱 떨어지는 점에만 주 목하게 되므로 불필요한 설명이 필요하거나 그림 그리기가 번 거로워지기 때문이다. 또 오랜 기간에 걸쳐 콜라를 많이 소비한 다고 생각하면 소수점 이하인 '0.5캔'은 아주 적은 양이므로 실 제로는 있으나 없으나 마찬가지다. 그렇다면 있다고 치고 설명 과 그래프를 단순화하자.

02

예산선과 최적화

무엇을 살 수 있고 무엇을 고를 것인가

1장에서는 소비자의 선호를 무차별곡선이라는 그림으로 나타냈다. 2장에서는 소비자가 어떻게 물건을 살 수 있는지와 어떤 물건을 고르는지를 그림으로 나타낸다. 어떤 물건을 살 수 있는가는 소비자의 소득과 재화의 가격에 따라 정해진다. 어떤 물건을 고르는가 역시 소득과 가격이 허락하는 범위 안에서 소비자 자신이 가장 바람직한 것을 고른다. 2장까지 공부하면 개별 소비자를 이해하기 위한 밑바탕 작업이 끝난다.

이 돈으로 무엇을 살 수 있을까?

—

예산 따위는 전혀 신경 쓰지 않고 돈을 펑펑 쓸 수 있으면 얼마나 신날까. 하지만 그렇게 살다가는 거지꼴을 못 면할 것이다. 그래서 우리는 예산을 염두에 두고 가격을 꼼꼼히 살핀다. 물건을 살 때는 제 나름대로 고민한다. 주변 사람이 보기에 현명한 선택인지는 둘째 치더라도, 자신이 무엇을 진정으로 원하는지 마음의 소리에 귀를 기울이고 머리를 굴린다. 그렇게 해서 무언가를 선택하고 다른 무언가를 포기한다.

이 장에서는 이런 선택 행위를 다룰 것이다. 한정된 소득 안에서 사람은 어떻게 물건을 살까? 이것을 그림으로 표현해 앞으로 경제 분석을 하는 데 필요한 토대를 쌓아보자.

물건을 사는 개개인을 **소비자**라고 하고 소비자가 쓸 수 있는 돈을 소득이라고 부른다. 계산하기 쉽게 한 소비자의 소득을 6원이라고 치자. 혹시 6원이 너무 적어서 와닿지 않는 사람은 책에서 등장하는 모든 숫자를 마음속에서 10배, 100배로 곱해서 읽어도 된다. 예를 들어 6원에 1조를 곱해서 6조 원이라는 어마어마한 꿈의 소득으로 바꿔 읽어도 좋다.

우리가 살 재화는 두 종류, 빵과 커피라고 하자. 빵은 하나에 1원이고 커피는 한 잔에 2원이다. 앞서 마음속에서 소득을 6조 원으로 잡은 사람은 빵의 가격을 하나에 1조 원, 커피의 가격을 한 잔에 2조 원으로 잡아야 한다. 6조 원이나 벌어도 물건의 가격이 이렇게나 높으면 딱히 어마어마한 소득도 아니니, 역시 1조까지 곱할 필요는 없다. 물건을 살 때 중요한 점은 소득과 가격의 상대적인 비율이지 가격과 소득의 절대적인 값이 아니다. 월급이 2배로 늘어도 물가가 2배로 오른다면 살림살이는 변하지 않는다. 이 사실은 지금부터 그릴 예산선을 보면 잘 알 수 있다.

계산이 단순해지도록 물건을 살 때 소득을 남김없이 쓴다고 가정하자. 이렇게 소득을 남기지 않고 물건을 사는 행동을 **예산 적합**이라고 한다. 실제로 사람들은 물건을 살 때 소득을 남김없이 쓰지는 않는다. 하지만 이때 쓰지 않은 소득은 저축한다고 볼 수 있다. 다시 말해 실제로 소비자는 물건을 사거나 저축하는 형태로 소득을 다 쓴다. 이 주제의 본질을 파악하는 데는 빵과 커피라는 두 가지 재화로 충분하다. 따라서 2장에서는 재화에는 빵과 커피만 있고, 소득은 남김없이 쓴다고 가정한다.

소비자는 6원의 소득을 모두 빵을 사는 데 쓸 수도 있고 커피를 사는 데 쓸 수도 있다. 물론 빵과 커피를 몇 개씩 살 수도 있는데, 실제로 많은 사람이 이렇게 선택한다.

우선 소비자에게 예산 적합한 빵과 커피의 조합을 생각해보자. 조합을 나타내는 점을 그림으로 그리면 어떻게 될까? 결론부터 말하면 이 점을 이은 직선 형태로 나타난다. 반대로 말하면 직선 위의 점들이 예산 적합한 빵과 커피의 조합이다. 이 선을 **예산선**이라고 부른다. 이때 선은 곡선이 아니라 직선이라는 점이 중요하다. 이제 그림을 그리며 눈으로 확인하자.

예산선 그리는 법과 예산선의 성질

—

예산 적합한 물건의 조합 중에서도 가장 이해하기 쉬운 것부터 살펴보자. 빵만 사거나 커피만 사는 조합은 매우 단순하다.

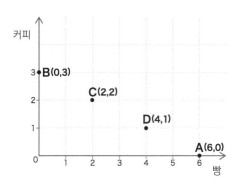

〈그림 2-1〉 점 ABCD는 모두 예산 적합한 조합.

빵만 산다면 소득이 6원이고 가격이 하나에 1원이므로 최대 6개를 살 수 있다. 이때 커피의 양은 0잔이다. 〈그림 2-1〉의 점 A(6, 0)이 이에 해당한다. 커피만 산다면 소득이 6원이고 가격이 한 잔에 2원이므로 최대 3잔을 살 수 있다. 이때 빵의 양은 0개다. 〈그림 2-1〉에서 보면 점 B(0, 3)이 이에 해당한다.

조금 덜 극단적인 조합을 생각해 보자. 예를 들어 빵 2개와 커피 2잔의 조합이다. 빵 2개에 2원과 커피 2잔에 4원을 쓰므로 6원으로 살 수 있다. 〈그림 2-1〉의 점 C(2, 2)가 이에 해당한다. 또 빵 4개와 커피 1잔이라는 조합도 예산 적합하다. 빵에 4원을 쓰고 커피에 2원을 쓰므로 역시 6원으로 살 수 있다. 〈그림 2-1〉에서 보면 점 D(4, 1)에 해당한다. 점 ABCD를 이으면 직선의

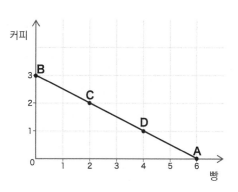

〈그림 2-2〉 점 ABCD를 이은 선.

형태를 띤다(〈그림 2-2〉).

예산 적합한 조합은 비단 점 ABCD뿐만이 아니다. 점 ABCD를 이은 선 위의 모든 점이 예산 적합하다. 예를 들어 선 위의 점 (3, 1.5)를 생각해 보자. 빵 3개의 가격은 총 3원이고 커피 1.5잔의 가격은 3원이므로 합하면 6원이다. 다시 말해 (3, 1.5)는 예산 적합하다. 이를 통해 알 수 있듯, 이 직선이 예산선이다. 예산선의 특징에는 세 가지가 있다.

첫 번째, 예산선보다 위에 있는 점은 예산을 초과하고 예산선보다 아래에 있는 점은 예산이 남는다(〈그림 2-3〉). 예를 들어 예산선보다 위에 있는 점 (3, 2)는 빵 3개×1원+커피 2잔×2원 =7원이므로 예산을 초과한다. 또 예산선보다 아래에 있는 (3, 1)

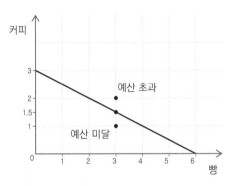

<그림 2-3> 예산선보다 위에 있는 점은 예산 초과이며
예산선보다 아래에 있는 점에서는 예산이 남는다.

은 빵 3개×1원+커피 1잔×2원=5원이므로 예산이 남는다.

두 번째, 소득이 늘면 예산선은 오른쪽 위로 이동한다. 예를
들어 소득이 12원으로 2배 늘었다고 하자. 그러면 살 수 있는 재
화의 양도 2배로 늘어난다. 빵만 산다면 12개를 살 수 있는데, 〈
그림 2-4〉의 (12, 0)에 해당하고, 커피만 산다면 6잔 살 수 있으
며 (0, 6)에 해당한다. 두 점을 이은 선이 소득이 2배로 늘었을 때
의 예산선인데, 오른쪽 위로 움직였음을 알 수 있다.

세 번째, 소득과 가격이 똑같이 증가하면 예산선은 변하지
않는다. 예를 들어 소득이 2배인 12원으로 늘었지만, 빵과 커피
의 가격도 각각 2배인 2원과 4원으로 올랐다고 하자. 이때 예산

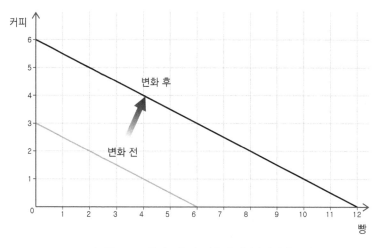

<그림 2-4> 소득이 2배로 늘었을 때 예산선의 변화.

선에 변화는 일어나지 않는다. 왜냐하면 빵만 사는 점이 (6, 0)이
고 커피만 사는 점이 (0, 3)인데, 두 점을 이은 선은 원래 예산선
과 일치하기 때문이다.

앞서 살펴보았듯이 월급이 2배로 늘어도 물가가 2배로 오른
다면 장바구니에 담을 수 있는 물건은 변함이 없다. 이 사실은 2
배든 1조 배든 마찬가지다.

예산선 상의 최적화

—

소비자는 예산 적합한 조합 중에서 무엇인가를 선택한다. 이 점을 예산선과 무차별곡선을 통해 살펴보자.

지금 〈그림 2-5〉의 무차별곡선이 나타내는 선호를 가진 소비자가 있고, 지금까지와 마찬가지로 빵이 1원, 커피가 2원, 소득이 6원이라고 하자. 결론부터 말하자면 이 소비자는 예산 적합한 조합 중에서 자신에게 최선의 조합인 (4, 1)을 고를 것이다.

그렇다면 왜 (4, 1)이 최선의 조합일까? 예산선 위에 있는 다른 점, 예를 들면 (3, 1.5)에 비하면 (4, 1)을 지나는 무차별곡선이 더 위에 있다. 마찬가지로 역시 예산선 위에 있는 다른 점 (2, 2)와 비교해도 (4, 1)을 지나는 무차별곡선이 위에 있다. 즉 예산선 위에 있는 모든 점에 비해 (4, 1)을 지나는 무차별곡선이 가장 위에 있기 때문이다. (4, 1)과 같이 예산 적합한 조합 중에서도 가장 좋은 조합을 **최적해**라고 한다.

〈그림 2-5〉를 보면 (4, 1)을 지나는 무차별곡선은 (4, 1)에서 예산선과 만난다. 무차별곡선은 사람마다 다르므로 최적해 역시 사람마다 다르다. 이 소비자는 (4, 1)에서 무차별곡선과 예산선이 접하므로 (4, 1)이 최적해지만 (2, 2)에서 접하는 소비자에게

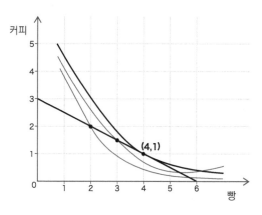

〈그림 2-5〉 무차별곡선이 예산선과 만나는 (4, 1)이 최적해.

는 그 점이 최적해가 될 수도 있다.

최적해를 '최적'이라고 부르는 이유는 한 소비자가 고를 수 있는 선택지 중에서 최적해가 가장 바람직한 점이기 때문이다. 그렇다고 이 최적해가 심사숙고 끝에 고른 선택지를 의미하지는 않는다. 만일 이 소비자가 알코올 중독이어서 자신의 소득으로 모두 술을 산다면 이 선택 역시 최적해다. 즉 여기서 말하는 '최적'이란 소비자 본인이 소비할 당시의 주관으로 보아 최적이라는 것이다.

경제학에서는 이러한 의미에서 가장 적합한 선택을 **합리적 선택**이라고 부를 때가 많다. 합리적 선택이라고 하면 냉정하고 철두철미하게 알아본 후 현명한 선택을 내리는 것처럼 들리지만, 보통 경제학에서는 그런 의미를 담지 않는다.

때때로 경제학을 두고 '경제학에서 가정하는 것만큼 실제 소비자는 현명하게 선택하지 않는다'는 비판이 제기된다. 하지만 지금까지의 설명에서 분명히 드러났듯이 그러한 비판은 착각을 바탕으로 한다. 비판하고 싶다면 '경제학은 소비자가 주변 사람들이 보기에 어리석은 선택을 내린다고 해도 비난하지 않는 경향이 강하다'라고 해야 적절하다.

소비자는 소득과 가격으로 정해지는 예산 제약 아래서 지금까지 말한 의미에서 최적해를 선택한다. 기본 수준의 경제학에서는 소비자를 이렇게 파악한다. '물건을 살 때는 자신이 원하는 것이나 필요한 것을 산다(원하지 않거나 필요 없는 것은 사지 않는다)'. 선택은 소비자가 내린다는 원칙이다. 또 개인의 소비가 바람직한지 판단하는 사람도 바로 소비자 자신이라는 사고방식이 깔려 있다.

독자 중에 자신은 최적이라고 할 수 있을 만큼 현명한 선택을 하지 못한다고 느끼는 사람도 있을 것이다. 충동구매를 하거나 별생각 없이 적당히 고르기도 한다. 어쩌면 이 책 역시 최적과는 거리가 먼 방법으로 샀을지도 모른다. 이유야 어찌 됐건 책을 사줘서 고맙다.

그렇다 하더라도 편의점이나 슈퍼마켓, 서점에서는 비교적 자신의 예산 범위 내에서 가격을 보고 원하는 물건을 선택한다. 편의점이나 슈퍼마켓, 서점에는 셀 수 없이 많은 상품이 있다. 괜히 쓸데없는 물건을 사거나 적당히 고르다가는 장바구니가 필요 없는 물건으로 가득 차고 만다. 산더미 같은 물건 중에서 제비뽑기로 무엇을 살지 고르는 것과 비교하면, 완벽하지는 않아도 예산 범위 내에서 자신의 취향껏 물건을 고른다는 사실을 알수 있다.

의료보험 정책에 응용한다면

—

이번에는 예산선 상의 최적화를 이용해서 실제로 간단한 정책 분석을 해보자.

한국과 일본에는 국민건강보험 제도가 있어서 모든 국민이 건강보험공단(혹은 비슷한 단체를 말하는데, 이하 '건강보험'으로 줄여서 부르기로 한다)에 가입하게끔 되어 있다. 환자가 의료 서비스를 받을 때 의료비 중 일부만 부담하는 제도다. 2013년 기준

일본의 국민 의료비는 40조 엔을 넘었지만, 그중 자기 부담분은 약 5조 엔이었다(후생노동성 2013년도 국민 의료비 개황).[1]

직장인과 그 가족은 의료비의 자기 부담률이 보통 30퍼센트 선이다. 다시 말해 환자는 의료비의 30퍼센트만 병원 수납 창구에 내고 환자가 가입된 건강보험에서 남은 70퍼센트를 병원에 내는 것이다. 건강보험의 재원은 보험료와 세금으로 이뤄진다.

건강보험이 병원에 의료비의 70퍼센트를 내는 것은 의료 서비스 그 자체(의 70퍼센트)를 환자에게 준다고 해석할 수 있다. 이 방식을 **현물 급여**라고 한다. 이 현물 급여 대신에 '용도에 제한이 없는 위로금'을 주는 방식인 **현금 급여**도 있다. 물론 위로금은 의료비로도 쓸 수 있다. 민간 보험회사의 의료보험은 가입자가 특정한 질병에 걸리면 목돈을 보험금으로 주는데, 이것이 현금 급여에 해당한다.

지금부터 공적인 국민건강보험의 틀 안에서 현물 급여와 현금 급여를 비교해 보자. 재화에는 '의료 서비스'와 '돈' 이렇게 두 종류가 있다. '돈'을 재화로 가정하는 데 거부감이 드는 사람도 있겠지만, '의료 서비스 이외에 쓸 돈'이라고 생각하면 된다.

---

[1] 보건복지부 국민보건계정 보고서에 의하면 한국은 2015년을 기준으로 경상 의료비는 115조 원이 넘었지만, 가계 직접 부담은 약 36퍼센트인 42조 원이었다.

어떤 사람의 소득이 30원이라고 하자. 이름이 있으면 아무래도 이해하기 쉬울 테니 지훈이라고 부르자. 의료 서비스 1단위의 가격을 10원으로 하고, 지훈의 자기 부담률은 30퍼센트라고 한다. 다시 말해 지훈이 의료 서비스 1단위를 이용하고 병원에 그 값을 지불할 때, 지훈이 3원을 내면 남은 7원은 지훈이 가입한 건강보험에서 낸다. 따라서 지훈에게 의료 서비스 1단위의 가격은 3원이다.

지훈이 병에 걸렸다. 이때 지훈은 어느 정도의 의료 서비스를 받을지 선택한다. 만일 소득 30원을 모두 의료 서비스에 쓰면 최대 10단위까지 살 수 있다. 의료 서비스에 전혀 돈을 쓰지 않는다면 30원의 소득이 그대로 수중에 남는다. 이것은 지훈이 예산 적합한 (의료 서비스, 돈) 조합을 하나 고르는 셈이다.

지금부터 지훈의 예산선을 그리고 최적해를 찾아보자. 지훈의 최적해란 예산선과 무차별곡선이 접하는 지점이다.

〈그림 2-6〉은 지훈의 상황을 나타낸 그림이다. 가로축은 의료 서비스를, 세로축은 돈을 나타낸다. 소득을 모두 의료 서비스에 남김없이 쓰는 (10, 0)과 의료 서비스에 전혀 돈을 쓰지 않는 (0, 30)을 이은 선이 예산선이다. 그리고 지훈은 예산선 상에서 최적해인 (8, 6)을 선택한다. 지훈의 자기 부담률은 30퍼센트이

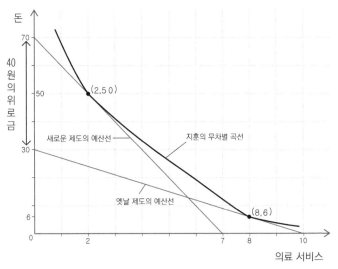

40원의 위로금 (y축 레이블)

〈그림 2-6〉 지훈에게 최적해는 어디일까?

므로, 지훈이 병원에 내는 돈은 8단위×3원=24원이다. 그리고
건강보험이 남은 70퍼센트인 8단위×7원=56원을 병원에 낸다.

여기서 다음과 같은 새로운 제도를 생각해 보자. 지훈은 의
료비를 100퍼센트 부담하는 대신에 건강보험이 지훈에게 어디
에든 쓸 수 있는 위로금 40원을 준다. 현금 급여라는 새로운 제
도 아래에서 지훈의 예산선은 변한다.

소득이 총 70원으로 늘고, 의료 서비스 1단위의 가격은 10
원으로 상승하기 때문이다. 지훈의 새로운 예산선은 소득을 모

두 의료 서비스에 쓰는 (7, 0)과 의료 서비스에 전혀 돈을 쓰지 않는 (0, 70)이라는 두 점을 이은 선이다. 새로운 예산선과 지훈의 무차별곡선은 (2, 50)에서 접한다. 이 지점이 지훈의 최적해다. 다시 말해 새로운 제도에서 지훈은 (2, 50)을 선택한다.

건강보험은 옛날 제도라면 56원을 지급했겠지만 새로운 제도에서는 40원만 지급한다. 그리고 지훈에게 옛날 제도에서 선택하는 (8, 6)과 새로운 제도에서 선택하는 (2, 50)은 무차별하다. 다시 말해 건강보험은 지훈의 만족도를 유지하면서 지급액을 줄일 수 있다. 그렇다면 건강보험은 지훈에게 위로금을 더 많이 줄 수 있다. 위로금이 40원에서 56원 사이라면 새로운 제도의 도입으로 건강보험은 지급액을 줄일 수 있고, 지훈은 옛날 제도의 최적해인 (8, 6)보다 바람직한 상황으로 바뀐다.

지금까지의 이야기를 보면 현금 급여가 현물 급여보다 건보에도 지훈에게도 바람직해 보인다. 하지만 이야기는 그렇게 단순하지 않다. 현물 급여가 바람직하다고 보는 세 가지 논점을 소개한다.

(논점 1) 제도 악용

건강보험 측에서 보면 지훈에게 위로금 40원을 주는 편이 병원에 의료비 56원을 내는 것보다 분명 돈이 덜 든다. 하지만 돈이 덜 든다고 말할 수 있는 이유는 건강보험이 지훈의 선호를 알고 있다고 가정했기 때문이다. 하지만 보통 선호는 각자의 마음속에 있어서 건강보험은 가입자 한 사람 한 사람의 선호를 알지 못한다.

그렇다면 건강보험이 지훈에게 '위로금으로 당신에게 얼마를 주면 자기 부담률을 100퍼센트로 하겠습니까?' 하고 물어봤을 때 지훈은 과연 솔직하게 대답할까? 다시 말해 과연 지훈은 '현금 40원을 주면 의료비를 100퍼센트 부담하겠습니다. 그 돈으로 나는 $(8, 6)$과 무차별한 $(2, 50)$을 선택하면 되니까요' 하고 알려 줄까? 지훈이 이때다 싶어 고액의 위로금을 요구하면 건강보험의 재정은 개선되지 않는다.

또 어디에든 쓸 수 있는 위로금이라면 돈을 노리고 일부러 다치는 사람이 나타날지도 모른다. 현물 급여라면 일어나기 힘든 일이다. 다시 말해 현금 급여는 현물 급여보다 악용하기 쉽다.

(논점 2) 사람들의 지지

논점 1에서 말한 악용이 일어나지 않았다고 하더라도 '다치거나 병에 걸린 사람에게 원래 내야 하는 의료비보다는 적지만 어디에든 쓸 수 있는 위로금'을 주는 현물 급여 제도를 사람들이 원할까? 예를 들어 폐렴을 심하게 앓는 환자가 위로금으로 치료가 아닌 도박을 한다면 사회 구성원이 이 행동을 너그럽게 이해할까. 만일 이러한 행동을 싫어하는 사람이 많다면 민주적인 정치 체제에서는 위로금을 공적 제도에 반영하기 어렵다.

(논점 3) 필요 원리

인간이 필요한 것을 함께 충족해 나가기 위해 사회가 존재한다고 보는 사고방식을 **필요 원리**라고 한다. 보편적으로 의료 서비스는 인간이라면 누구에게나 필요하다고 생각한다. 따라서 다치거나 병에 걸렸을 때, 사회는 아픈 사람에게 현물 급여라는 의료 서비스를 제공해야 한다. 물론 이 사고방식은, 의료는 누구나 필요로 하므로 사회가 유지하고 도박은 그렇지 않으므로 유지하지 않는다는 필요Needs와 욕망Wants의 구분을 전제로 한다.

예산선과 선호를 이용한 미시경제학적 분석은 현금 급여의 우수성을 지적한다. 하지만 제도의 악용, 사람들의 지지, 필요 원리 등을 생각하면 현물 급여가 바람직하다. 종합했을 때 현금 급여와 현물 급여 중 어느 쪽이 좋은지는 지금까지 한 이야기만으

로는 결론지을 수 없다. 하지만 미시경제학이 정책을 분석하는
데 유용한 도구가 될 수 있다는 점과 미시경제학만으로 정책을
논하기에는 부족하다는 사실을 알게 된 것으로도 충분히 수확
을 거둔 것이다.

수요곡선

가격이 얼마면 몇 개를 살 것인가

1장과 2장에서는 개별 소비자를 이해하기 위해 밑바탕 작업을 했다. 3장에서는 한 사람 한 사람의 소비자를 모아 하나의 거시적인 존재로 파악하기 위한 도구를 만든다. 이것이 바로 수요곡선이다. 수요곡선은 재화가 시장에서 특정 가격일 때, 소비자가 재화를 몇 개 사는지 나타낸다.

최적해는 어떻게 변하는가

—

　나는 대학원 시절을 미국에서 가난한 유학생으로 보냈는데 한때는 한 달에 800달러로 생활했다. 서울이나 도쿄에서 한 달에 80만 원으로 혼자 자취하는 것과 비슷한 수준이다. 못할 것은 없지만 집세까지 내면 꽤 팍팍한 금액이다. 기숙사비로 380달러, 전화 기본요금으로 20달러를 내면 400달러가 남았고, 그것으로 어떻게든 생활해야 했다.

　내가 살던 곳은 미국에서도 눈이 많이 오기로 손꼽히는 지역인 로체스터시였는데, 1년의 반 정도는 눈이 쌓일 정도로 내리고 시커먼 구름이 하늘을 뒤덮었다. 로체스터시는 뉴욕주 북서부에 있는데, 화려하게 빛나는 맨해튼과는 500킬로미터나 떨어져 있고 불황이 덮친 시내 중심부의 백화점은 문을 닫은 지 오래여서 공부 말고는 아무것도 할 일이 없는 동네였다. 대학원은 경쟁이 치열해서 성적이 낮으면 곧장 퇴학당하기 때문에 한시도 긴장을 늦출 수 없었다.

여담이지만 나는 커피를 좋아한다.

쓸쓸한 거리에는 눈발이 날리고, 먼 미래는커녕 한 치 앞도 보이지 않는 날이면 따뜻한 커피 한 잔만이 내 마음을 위로해 주었다. 하지만 그 당시 캠퍼스 안의 카페에서 팔던 커피가 한 잔에 1.5달러였음에도 나는 한 번도 사먹지 못했다.

이런 생활을 2년쯤 보내고 유학 자금도 바닥을 보일 무렵, 교내 연구소의 장학금을 받게 되었다.

그 덕분에 한 달 생활비는 1,200달러로 올랐다. 이때부터 매일 저녁 학교에서 집으로 돌아오는 길에 1.5달러짜리 커피를 사먹었다. 이 커피처럼 소득이 늘었을 때 소비가 증가하는 재화를 **상급재**라고 한다. 반대로 소득이 늘어났을 때 소비가 줄어드는 재화를 **하급재**라고 부른다.

나의 커피 구입량에는 당연히 가격도 영향을 미친다. 만일 커피 가격이 0.5달러였다면 나는 한 달 생활비가 800달러였을 때도 가끔은 커피 한 잔의 사치를 즐겼을 것이다. 이렇듯 최적해는 소득과 가격에 따라 변한다.

소비자가 느끼는 시장의 이로움, 소비자잉여

—

지금부터는 소득을 고정하여 가격과 구입량의 관계에 주목
해 보자. 보통 가격이 비싸면 구입량은 줄어들고 가격이 싸면 늘
어난다. 그리고 일반적인 경향을 보면 물건은 소비하면 할수록
물건을 사용하는 기쁨이 줄어든다. 예를 들어, 나는 첫 잔의 커피
에는 최대 4달러까지 낼 마음이 들지만 두 번째 잔에는 최대 2달
러까지밖에 내고 싶지 않으며, 셋째 잔에는 최대 1달러까지밖에
내고 싶지 않다.

지금부터 커피를 구입해서 내가 '얼마나 이득을 보았는지'
를 금액으로 재 보자. 왜 이런 귀찮은 일을 해야 하는가 하면 '소
비자가 느끼는 시장의 이로움'을 측정하는 기준이 필요하기 때
문이다. 내가 얼마나 이득을 보았으며 다른 소비자가 얼마나 이
득을 보았는지를 합한 것을 소비자가 느끼는 시장의 이로움이
라고 하자. 이로움을 잴 수 있는 척도가 있으면 특정한 상황의
시장과 다른 상황의 시장 중 어느 쪽이 소비자에게 바람직한지

판단하기가 쉬워진다.

지금 커피 한 잔의 가격이 1.5달러라면 나는 커피를 두 잔까지 살 것이다. 석 잔째 커피를 사지 않는 이유는 석 잔째 커피에는 최대 1달러밖에 낼 생각이 없기 때문이다. 이때 나의 **잉여**는 다음과 같이 계산한다. 첫째 잔에는 최대 4달러에서 커피 값인 1.5달러를 뺀 값인 2.5달러이고, 둘째 잔에는 2달러에서 커피 값인 1.5달러를 뺀 값인 0.5달러다. 따라서 커피의 가격이 1.5달러일 때 내가 느끼는 시장의 이로움은 2.5달러와 0.5달러를 합한 3달러다.

나의 잉여를 나타낸 것이 〈그림 3-1〉이다. 가로축이 커피의 수량이고 세로축이 커피 값이다. 이 그림에 나와 다른 사람(지훈)의 잉여도 함께 나타냈다. 지훈은 첫째 잔에는 최대 5달러까지, 둘째 잔에는 최대 3달러까지, 셋째 잔에는 최대 2달러까지 낼 마음이 있지만, 넷째 잔에는 최대 1달러밖에 낼 수 없다고 생각한다. 커피 한 잔이 1.5달러일 때, 석 잔을 사는 지훈의 잉여는 5.5달러로 계산할 수 있다(3.5+1.5+0.5=5.5).

커피 한 잔에 1.5달러일 때 나의 잉여는 3달러, 지훈의 잉여는 5.5달러다

따라서 커피 값이 1.5달러일 때, 나와 지훈의 잉여를 합하면

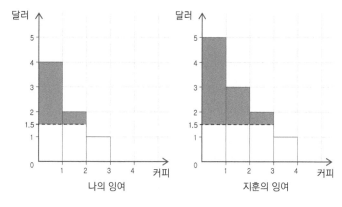

<그림 3-1> 나의 잉여와 지훈의 잉여.

8.5달러가 된다(3+5.5=8.5). 이렇게 계산한 모든 소비자의 잉여를 합한 값을 **소비자잉여**라고 한다. 이 카페의 손님이 나와 지훈밖에 없다고 가정하면 소비자잉여는 8.5달러다. 소비자잉여는 소비자들이 '돈을 더 낼 마음은 있지만 내지 않은 만큼'을 모두 더한 금액이므로 소비자들이 '얼마나 이득을 보았는지'를 합한 값으로도 볼 수 있다.

〈그림 3-2〉는 〈그림 3-1〉의 나와 지훈의 그림을 가로 방향으로 더해 만든 것이다. 이 그림 속 계단 모양의 굵은 선을 **수요곡선**이라고 한다. 수요곡선 D는 특정한 가격 p에서 팔리는 물건의 총량인 수요 D(p)를 나타낸다. 커피의 예로 들면 커피값이

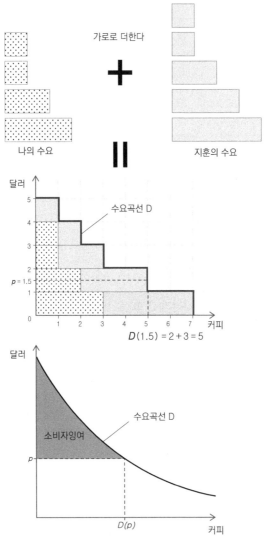

가로로 더한다

＋

나의 수요

지훈의 수요

＝

달러

수요곡선 D

5

4

3

2

p = 1.5

1

0   1   2   3   4   5   6   7   커피

D (1.5) = 2 + 3 = 5

달러

소비자잉여

수요곡선 D

p

$D(p)$ 커피

〈그림 3-2〉 수요곡선을 그려 보자. 나의 수요와 지훈의 수요를
가로로 더해서 만들 수 있다. 소비자가 많으면 수요곡선은
아래의 그래프처럼 매끄러운 모양을 띤다.

1.5달러일 때 수요는 5잔이다. 이 숫자는 나의 수요 2잔과 지훈의 수요 3잔을 합한 것이다. 물론 가격이 바뀌면 수요도 바뀌므로 가격이 2.5달러라면 수요는 3잔으로 줄어든다(내가 1잔, 지훈이 2잔). 가격이 내려가면 보통 수요는 오르므로 수요곡선은 우하향하는 모양으로 그려진다. 가격이 오르면 수요가 늘어나는 예외적인 재화인 '기픈재'도 있지만, 그것은 뒷부분에서 다루겠다.

소비자의 수가 많으면 수요곡선은 매끄러운 형태를 띤다(〈그림 3-2〉). 가격이 p일 때 소비자잉여는 수요곡선의 p보다 위의 면적을 가리킨다. 소비자잉여를 그림으로 나타내 보면 '아, 이 크기를 말하는구나' 하고 감을 잡을 수 있어서 쉽게 이해할 수 있다.

독점 판매자는 가격을 어떻게 매길까?

—

커피를 판매하는 사람의 측에서 수요곡선을 생각해 보자. 쉽게 설명하기 위해서 카페 주인을 '존'이라고 부르자. 존은 지금 커피 1잔의 가격을 얼마로 하면 좋을지 고민하고 있다.

존은 오랫동안 한 곳에서 커피를 팔면서 과거에 가격을 올리고 내린 경험을 통해 '이 가격이면 몇 잔 팔린다'는 정보를 가지고 있다. 다시 말해 존은 수요곡선 D의 모양을 알고 있다. 예를 들어 가격을 5달러로 하면 한 잔도 팔리지 않고, 또 가격을 공짜에 가깝게 하면 수요가 다섯 잔에 가까워진다. 그렇다면 존이 커피 값을 얼마로 정해야 돈을 가장 많이 벌 수 있을까? 이때 존의 카페 근처에 다른 카페가 없는, 즉 가격으로 경쟁할 상대는 없다고 가정하자. 그리고 수요곡선은 직선 모양이며 커피를 제공할 때 드는 비용은 1잔에 1달러라고 가정한다(〈그림 3-3〉).

커피 한 잔의 가격을 p달러라고 하면 한 잔당 매출이 p달러고 비용이 1달러이므로 이익은 매출과 비용의 차액인 $p-1$달러다. 그리고 팔리는 양은 수요인 $D(p)$잔으로 볼 수 있다. 따라서 매출에서 비용을 뺀 금액인 이윤은 $(p-1) \times D(p)$로 계산할 수 있다. 〈그림 3-3〉을 보면 가격이 5달러를 넘으면 아무도 커피를 사지 않으므로 이윤은 0이다. 가격이 1달러 이하면 이윤이 남지 않으므로 이윤은 0 이하가 된다. 5와 1의 사이 어딘가에 이윤을 최대화하는 가격이 존재하는데, 그 가격이 바로 $p=3$이다. 또 소비자잉여를 계산하면 수요곡선의 p보다 위의 면적이므로, 그 값은 2가 된다.

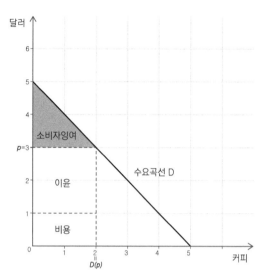

〈그림 3-3〉 카페를 운영하는 존의 수요곡선.
가격 p=3에서 이윤은 최대가 된다. 이때 소비자잉여는
위의 삼각형 면적인 2×2×(1/2)=2, 이윤은 (3-1)×2=4다.

카페 주인 존과 폴의 베르뜨랑 가격 경쟁

—

이때 존에게 폴이라는 경쟁 상대가 나타났다고 하자. 폴은
존과 같은 품질, 같은 비용(한 잔 비용이 1달러)의 커피를 팔며 가
격 경쟁을 선포했다. 손님은 존과 폴의 가게 중에서 가격이 싼

가게에서 커피를 사려고 할 것이다. 만일 두 사람이 매기는 가격이 같다면 두 사람은 손님을 반씩 나누어 가진다. 경제학에서는 이런 시장을 베르뜨랑 과점 시장이라고 부른다.

존과 폴의 가격 경쟁은 어떻게 끝이 날까. 먼저 결말부터 밝히면 '바닥을 향한 경쟁'이 일어나 존과 폴 모두 가격을 1달러로 매기게 된다.

일단 존이 처음에 매긴 독점 가격 3달러를 보고 폴은 조금이라도 싼 가격, 예를 들어 2.5달러를 매겼다고 하자. 이렇게 해서 폴은 모든 손님을 빼앗아올 수 있으므로 존의 손님은 0이 된다.

이에 맞서 존이 2달러로 가격을 내리면 손님을 모두 다시 빼앗아올 수 있다. 그렇게 되면 폴의 손님은 0이 되므로 폴도 다시 가격을 내린다.

두 사람의 가격 인하 경쟁은 한 잔의 가격이 한 잔을 제공하는 데 드는 비용인 1달러가 될 때까지 이어진다. 상대방보다 조금이라도 낮은 가격을 매겨 손님을 모조리 끌어 모으는 편이 항상 이득이기 때문이다. 최종적으로 두 사람 모두 커피 가격을 1달러로 매긴 상태를 베르뜨랑균형이라고 부른다. 베르뜨랑균형에서 존과 폴의 이윤은 둘 다 0이다. 한편 소비자잉여는 8로 오른다(〈그림 3-4〉).

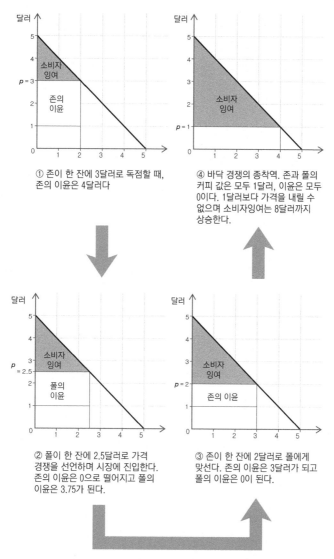

① 존이 한 잔에 3달러로 독점할 때, 존의 이윤은 4달러다

④ 바닥 경쟁의 종착역. 존과 폴의 커피 값은 모두 1달러, 이윤은 모두 0이다. 1달러보다 가격을 내릴 수 없으며 소비자잉여는 8달러까지 상승한다.

② 폴이 한 잔에 2.5달러로 가격 경쟁을 선언하며 시장에 진입한다. 존의 이윤은 0으로 떨어지고 폴의 이윤은 3.75가 된다.

③ 존이 한 잔에 2달러로 폴에게 맞선다. 존의 이윤은 3달러가 되고 폴의 이윤은 0이 된다.

〈그림 3-4〉 바닥 경쟁. 존과 폴이 치열한 가격 경쟁을 펼친다.

하지만 이때 존과 폴이 '가격을 올리자'고 담합한다면 베르뜨랑균형은 깨진다. 존과 폴이 장기적으로 영업할 생각이라면 담합을 하고 그것을 유지하는 것이 '바닥 경쟁'을 다시 펼치는 것보다 이득이기 때문이다. 예를 들어 두 사람 모두 가격을 3달러로 하면 높은 이윤을 계속해서 나누어 가질 수 있다. 다만 담합 때문에 소비자잉여는 2로 줄어든다..

5장에서 자세히 다루겠지만 파는 쪽의 이윤 합계를 생산자잉여라고 하며, 생산자잉여와 소비자잉여의 합을 사회적 잉여라고 한다. 바닥 경쟁이 일어나 커피 가격이 1달러일 때가 담합하여 커피 가격이 3달러일 때보다 사회적 잉여가 높다. 계산해 보면 커피 가격이 3달러일 때 소비자잉여는 2, 생산자잉여는 4이므로 사회적 잉여는 6이 된다. 한편 '바닥 경쟁'이 일어나 커피 가격이 1달러일 때 소비자잉여는 8, 생산자잉여는 0이므로 사회적 잉여는 둘을 합한 8이다. 따라서 사회적 잉여를 '시장의 이로움'을 재는 척도로 보면 담합은 금지해야 마땅한 행동이다.

그러나 담합을 유지하는 것 또한 말처럼 쉽지 않다. 몇 안 되는 판매자끼리 담합한다면 서로 감시하거나 신뢰 관계를 쌓기가 비교적 수월하다. 하지만 판매자의 수가 많아지면 그러기가 힘들다.

또 판매자들이 담합해도 '담합을 배신해서 장기적인 이윤을 잃더라도 오늘 당장의 한 푼을 원한다'는 사람은 담합을 배신할 것이다. 그 사람은 오늘의 이윤을 독차지하여 다른 판매자의 이윤을 0으로 만든다. 일단 한 번 이런 일이 일어나면 배신당한 판매자는 담합을 계속해도 이윤이 0인 상태가 이어지므로 담합은 금세 깨진다.

실제로 누군가가 담합을 배신하지 않더라도 '어차피 저 사람은 담합 약속을 지키지 않을걸' 하고 의심하는 판매자가 생기기만 해도 담합은 무너진다. 이렇게 의심 많은 판매자는 담합 약속을 지키지 않기 때문이다.

그리고 또 이렇게 의심하는 판매자가 있을 거라고 예상하는 판매자 역시 담합 약속을 지키지 않는다.

가격탄력성이란?

—

다시 수요곡선의 이야기로 돌아가자.

가격 변화가 수요의 변화에 얼마나 영향을 미치는지를 나타내는 지표 중 하나가 **가격탄력성**이다. 여기서 '탄력'이란 가격의 변화에 따라 얼마나 수요가 탄력적으로 움직이는가를 나타낸다는 의미다. '탄력성이 낮다'란 그다지 탄력적이지 않다는 뜻이다. 즉 가격이 움직여도 수요는 그다지 움직이지 않는 것이다.

어떤 재화의 가격이 1퍼센트 올랐다고 하자. 이때 수요는 0.2퍼센트 내렸다고 가정한다. 가격의 변화인 1퍼센트의 '5분의 1'인 0.2퍼센트밖에 수요가 변화하지 않았다. 이 5분의 1, 즉 0.2가 가격탄력성이다. 단, 실제로 가격탄력성을 데이터에서 추측하여 계산할 때는 가격 상승률은 꼭 '1퍼센트'가 아닌 여기에 가까운 작은 값이라도 상관없다.

가격탄력성이 높은 재화는 값을 올리면 수요가 대폭 줄어든다. 세금으로 말하자면 가격탄력성이 높은 재화에 세금을 매기면 수요가 대폭 낮아진다. 반대로 필수품은 값을 올려도 수요가 줄어들지 않는다. 필수품에 과세하는 방식은 가난한 사람들의 생활에 큰 타격을 주지만 수요에 미치는 영향은 적다.

찾아보기 드문 재화, 기픈재

—

수요곡선은 보통 우하향하는 곡선으로 그려진다. 이 모양은 가격이 오르면 팔리지 않고, 가격이 내리면 팔린다는 사실을 그대로 보여준다. 이러한 재화를 **정상재**라고 부른다. 하지만 잠시 언급했듯이 가격이 오르자 오히려 판매가 증가하는 물건도 있다. 이런 재화를 **기픈재**라 한다.

가난한 지역의 필수품이 기픈재가 되기도 한다.

기픈재는 나의 경험으로 설명할 수 있다. 내가 한 달에 800달러로 검소하게 살 때, 근처 슈퍼마켓에서 '3봉지에 1달러'짜리 파스타를 팔았다. 슈퍼마켓의 자체 제작 상품이었는데, 값은 무척 쌌지만 맛이 없었다. 너무 맛이 없어서 가끔은 1봉지에 1달러인 보통(그래도 싼 편이지만) 파스타도 사곤 했다. 하지만 어느 날 초특가 파스타가 '3봉지에 1.5달러'로 가격을 올렸다. 이후 나는 보통 파스타를 가끔 사는 작은 여유조차 사라져서 초특가 상품만 사게 되었다. 이 현상을 '대체효과와 소득효과'라는 개념으로 살펴보자.

초특가 파스타가 값을 올리면 그만큼 매력이 줄어들기 때문에 다른 파스타로 갈아타고 싶어진다. 이것을 **대체효과**라고 한다. 내 마음속에서도 물론 대체효과는 일어났다. 하지만 초특가 파스타의 가격이 오른다는 것은 나의 소득인 800달러의 실질 가치가 줄어드는, 즉 더 가난해진다는 사실을 나타내는 일이기도 했다. 생활에 여유가 없어지면 비싼 물건을 살 수 없게 되고, 더 싼 초특가 파스타를 사려고 한다. 이것이 **소득효과**다.

나의 상황에서 보면 초특가 파스타의 가격이 오르면 대체효과로 인해 초특가 파스타를 살 마음은 줄어들지만, 소득효과로 인해 초특가 파스타를 사려고 하는 마음이 커진다. 결과적으로 초특가 파스타를 사야겠다는 마음(소득효과)이 초특가 파스타를 사지 않겠다는 마음(대체효과)을 눌러버렸다.

어떤 재화를 기픈재라고 할 때는 초특가 파스타처럼 개인 수준이 아니라 집단 수준에서의 수요를 말한다. 재화가 실제로 기픈재라고 데이터로 확인되는 일은 아주 드물다. 펜실베이니아 대학의 젠센 교수와 일리노이대학의 밀러 교수 등이 중국 후난성에서 쌀과 간쑤성에서 밀이 기픈재의 특징을 보인다는 조사 결과를 발표한 정도다.

04

공급곡선

가격이 얼마면 몇 개를 만들 것인가

1장과 2장에서 개별 소비자를 관찰하기 위한 밑바탕 작업을 하고, 3장에서 소비자들을 하나의 덩어리로 다루는 수요곡선을 그렸다. 4장에서는 개별 생산자를 살펴보기 위한 밑바탕 작업을 하고 생산자들을 하나의 덩어리로 다루는 공급곡선을 그린다. 지금부터 천천히 알아보겠지만, 결론부터 말하면 공급곡선을 그리는 법은 수요곡선을 그리는 법과 같다. 재화를 사는 측을 나타내는 수요곡선과 재화를 파는 측을 나타내는 공급곡선을 함께 그리면 파는 측과 사는 측이 만나는 점에서 시장이 만들어진다. 이것은 5장에서 다룰 것이다.

점점 늘어나는 한계 비용

—

달리기가 취미인 사람으로서 말하자면, 달리면 달릴수록 다리는 무거워진다. 장거리 레이스를 하다 보면 똑같은 1km라도 초반보다 후반이 시간이 더 오래 걸린다. 42km 풀코스 마라톤은 초반은 2시간 이내에 뛸 수 있지만 후반은 2시간 넘게 걸린다. 개인적인 이야기를 해서 미안하지만 말하고 싶은 내용을 정리하자면 이렇다.

달리는 시간을 2배로 한다고 해서 2배의 거리를 달릴 수 있는 것은 아니라는 것이다.

여기서 마라톤이 시간을 투입input하면 주행 거리가 산출output되는 생산 활동이라고 생각해 보자. 물론 실제 마라톤은 무언가를 생산한다기보다 오로지 소모하는 활동이므로 이것은 비용일 뿐이다. 아무튼 이 생산 활동은 투입을 2배로 늘려도 산출은 2배까지 늘지 않는 '수확체감'이라는 특징을 지니고 있다. 수확체감하는 생산 활동의 예를 들어보자.

농지 면적이 일정할 때, 경작하는 사람과 작물을 2배로 늘려도 수확량은 2배로 늘지 않는다. 농지의 면적까지 2배로 늘리면 수확량을 2배로 늘릴 수 있지만, 농지를 넓히기란 (적어도 단기적으로는) 어렵다.

공장 규모가 일정할 때, 노동자와 원재료를 2배로 늘려도 생산량은 2배로 늘지 않는다. 공장 규모까지 2배로 늘리면 생산량을 2배로 늘릴 수 있지만, 공장을 증설하기란 (적어도 단기적으로는) 어렵다.

수확체감의 생산 활동에서 산출을 2배로 늘리려면 2배 이상의 비용이 든다. 일정한 농지에서 수확량을 2배로 늘리기 위해서는 특별한 품종이나 전문 지식이 필요하다. 공장을 주간뿐 아니라 야간에도 돌리기 위해서는 야간에 일하는 노동자에게 야간 수당을 더 주고 고용해야 한다.

생산량과 생산에 드는 비용의 관계를 나타낸 것이 비용함수다. 수확체감하는 생산활동의 경우, 첫 번째 단위를 생산하는 비용보다 두 번째 단위를 생산하는 비용이 더 많이 들고, 세 번째 단위를 생산하는 비용이 더 비싸진다.

추가로 1단위 생산하는 비용을 한계 비용이라고 한다. 그리고 생산할 때마다 한계 비용이 높아지는 현상을 한계 비용 체증이라고 한다. '체증遞增'이라는 말은 일상에서 자주 쓰지 않는 한자어인데, '점점 늘다'라는 의미다.

비용과 한계 비용의 관계를 정리해 두자.

특정한 양을 생산하는 (총) 비용은 그 양까지 생산하는 한계 비용의 합이다. 이 말은 3km를 뛰는 고통은 '처음 1km를 뛰는 고통과 다음 1km를 뛰는 고통과 마지막 1km를 뛰는 고통의 합'으로 볼 수 있는 것과 같다.

예를 들어 3개를 생산하는 비용은 1개째를 생산하는 비용(1개째의 한계 비용), 2개째를 생산하는 비용(2개째의 한계 비용), 3개째를 생산하는 비용(3개째의 한계 비용)의 합이다. 〈그림 4-1〉이 이 관계를 나타낸다.

비용이니 한계 비용이니 이들의 관계니, 복잡하게 느껴질지도 모르지만 한계 비용의 개념은 알아두면 매우 편리하다. 그러니 조금만 더 힘을 내자. 〈그림 4-1〉은 한계 비용을 쪼개 그린 것이다. 그림으로 나타낼 때는 이 편이 한눈에 들어오기 때문이다.

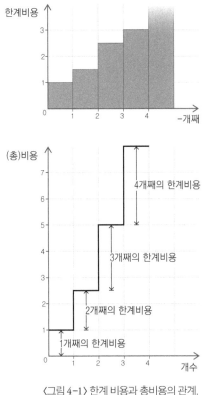

〈그림 4-1〉한계 비용과 총비용의 관계.

한계 비용에 따라 달라지는 최적해

—

어떤 재화를 생산하는 기업이 있다고 하자. 재화는 시장에서 p원이라는 가격이 매겨져 있다. 이 기업은 경쟁 기업이 많아서 자신의 생산량이 가격에 영향을 미치지 못하는 가격수용자 price taker다. 가격수용자는 생산량을 줄여 희소가치를 높인 후 가격을 끌어올리는 시장 조작을 할 수 없다. 참고로 가격수용자의 반대는 경쟁자가 없는 독점 기업이다(이 내용은 7장에서 다룬다).

가격수용자인 기업이 생산량을 정하려 할 때, 다음과 같이 생각해 보자. 1개째를 생산하는 비용은 가장 낮다.

이것이 p원에 팔릴 때는 이익이 높다. 2개째를 생산할 때는 비용이 조금 더 들고 이익은 내려간다. 한계 비용은 체증하므로 추가로 1개 생산할 때마다 생산 비용은 점점 비싸지고 이익은 낮아진다.

추가로 생산할 때마다 얻을 수 있는 이익은 낮아지고, 어느 순간 마이너스로 접어든다. 그렇다면 매출에서 비용을 뺀 금액인 이윤을 최대화하는 생산량이란 어느 점일까? 앞으로 1개만 더 생산하면 이익이 마이너스로 접어드는, 즉 한계 비용이 가격을 넘기 직전인, 바꿔 말하면 손해를 보기 직전의 생산량이다.

이 말은 1개 더 만드는 비용이 물건을 팔아 얻을 수 있는 가격보다 높아진다면 더 생산하지 않는 편이 이득이라는 당연한 이야기에 지나지 않는다. 이윤을 최대화하는 생산량을 최적해라고 하는데, 최적해는 한계 비용의 모양에 따라 달라진다.

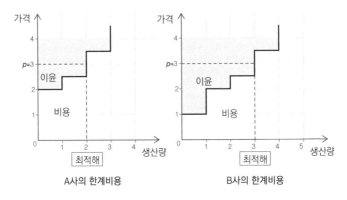

〈그림 4-2〉 최적해는 한계 비용의 모양에 따라 달라진다.

〈그림 4-2〉에서 가격이 3원일 때(p=3), A사의 최적해는 2
개다. 매출은 가격에 최적해를 곱한 3원×2개=6원이다. 매출을
나타내는 직사각형에서 비용에 해당하는 부분을 빼고 남은 면
적이 이윤을 나타낸다. 〈그림 4-2〉에서 B사는 가격이 3원일 때
(p=3), 최적해는 3개다. 그러므로 가격에 최적해를 곱한 3원×3
개=9원이 매출이고, 매출을 나타내는 직사각형에서 비용에 해
당하는 부분을 빼고 남은 면적이 이윤을 나타낸다.

공급곡선 그리는 법

—

지금 시장에 A사와 B사밖에 없다고 하자. 특정 가격으로 시장에 공급되는 재화의 총량은 A사와 B사가 생산하는 양의 합이다. 따라서 두 기업의 한계 비용을 가로로 더하면 가격과 그 가격일 때 공급과의 관계를 알 수 있다(〈그림 4-3〉). 이렇게 한계 비용을 가로로 더한 곡선 S를 공급곡선이라고 한다. 예를 들면 p=3일 때 S(p)=5다. 기업이 셋 이상일 때도 공급곡선은 똑같이 한계 비용을 가로로 더해 만들어진다.

수요곡선과 공급곡선은 반대되는 관계에 있다. 수요곡선은 각 가격에서 소비자가 사는 재화의 총량을 나타낸다. 반면 공급곡선은 각 가격에서 생산자가 만드는 재화의 총량을 나타낸다.

공급곡선을 그릴 때, 두 기업의 이윤의 합은 가격 p의 선과 공급곡선 사이의 면적으로 나타난다(〈그림 4-3〉). 기업이 셋 이상이라도 각각 한계 비용을 가로로 더함으로써 공급곡선 S를 그릴 수 있다. 그리고 모든 기업의 이윤의 합을 생산자잉여라고 한다. 생산자잉여란 시장에서 기업이 '얼마나 이득을 보았는지'를 말한다.

수요곡선과 마찬가지로 생산량을 정수로 한정 지으면 그림

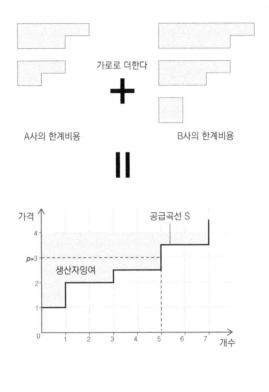

가로로 더한다

A사의 한계비용

B사의 한계비용

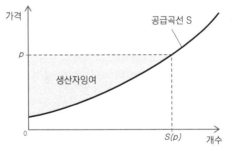

〈그림 4-3〉 공급곡선을 그리자. 한계 비용을 가로로 더해서 그린다.
생산자가 많으면 공급곡선은 매끄러운 곡선 모양을 띤다.

그리기가 불편하므로 앞으로는 공급곡선도 〈그림 4-3〉처럼 매끄러운 곡선으로 나타내기로 한다.

시장 균형

시장에서 가격은 어떻게 결정되는가

5장에서는 소비자와 생산자가 만나는 시장을 살펴본다. 3장에서 그린 수요곡선과 4장에서 그린 공급곡선을 겹쳐서 함께 그린다. 시장에서 재화에 어떠한 가격이 매겨지고, 가격이 어떠한 의미에서 바람직한지 생각한다. 응용편으로 세금을 부과할 때, 재화의 가격은 어떻게 반응하고 무엇을 잃게 되는지 분석한다.

시장 균형은 어떻게 이루어지는가

—

시장에 많은 소비자와 생산자가 있고, 모두가 가격수용자인 **완전 시장**에서는 가격이 어떻게 결정될까? 이 물음의 답은 수요곡선과 공급곡선에 숨겨져 있다. 수요곡선은 3장에서 그려 보았다. 특정 가격에서 소비자는 각자 자신에게 적절한 양의 재화를 산다. 그 합계가 수요다. 그리고 공급곡선은 4장에서 살펴보았다. 특정 가격에서 생산자는 저마다 적절한 양의 재화를 만든다. 그 합계가 공급이다.

미시경제학에 '미시'라는 글자가 붙은 이유는 시장 전체의 거시적인 움직임을 나타내는 수요곡선과 공급곡선을 각각의 소비자나 생산자라는 미시적인 수준에서 관찰하여 도출하기 때문

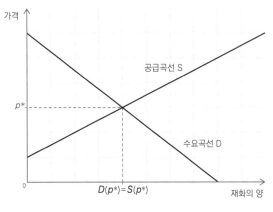

<그림 5-1〉 수급 일치로 안정된 시장균형가격 p*.

이다. 지금부터는 시장에서 가격이 얼마로 매겨지는지 알아보기 위해 수요곡선과 공급곡선을 겹쳐서 그릴 것이다. 결론을 먼저 말하자면 가격은 수요곡선 D와 공급곡선 S가 교차하는 p*로 정해진다(〈그림 5-1〉).

이렇게 되는 이치는 간단하다. 만일 상품의 가격인 p가 p* 보다 높으면 공급 S(p)가 수요 D(p)를 웃돌게 된다(〈그림 5-2〉). 그러면 시장에는 물건이 남아서 판매 경쟁이 일어나 가격이 내려간다. 반대로 만일 가격 p가 p*보다 낮으면 수요 D(p)가 공급 S(p)를 웃돈다(〈그림 5-3〉). 이때 시장에는 물건이 부족해 서로 사려는 경쟁이 벌어져 가격이 오른다. 따라서 어느 쪽이든 가격

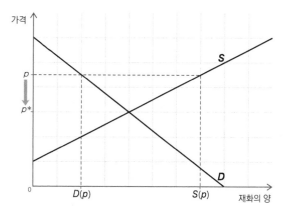

〈그림 5-2〉 공급 초과. 가격이 너무 높아서 가격 인하가 일어난다.

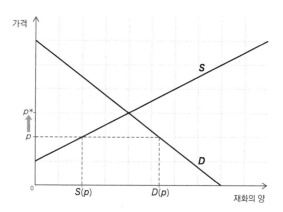

〈그림 5-3〉 수요 초과. 가격이 너무 낮아서 가격 인상이 일어난다.

은 p^*로 수렴한다. p^*에서 수요와 공급은 일치하는데, 다시 말해 $D(p^*)=S(p^*)$가 성립하며 가격은 안정을 찾는다. 이때 가격 p^*를

시장균형가격이라고 한다.

사회적 잉여를 최대화하는 방법

—

시장균형가격은 다른 가격에 비해 어떤 점이 좋을까? 좋고 나쁨을 판단하는 데는 기준이 필요하다. 지금까지 소비자 측에서는 소비자잉여를, 생산자 측에서는 생산자잉여를 기준으로 판단했다. 이제는 소비자와 생산자가 모두 존재하는 시장 전체의 좋고 나쁨을 재는 기준으로 소비자잉여와 생산자잉여를 더한 사회적 잉여라는 개념을 새롭게 추가할 것이다.

〈그림 5-4〉에서 보면 시장균형가격에서 소비자잉여는 A^*, 생산자잉여는 B^*이므로 사회적 잉여는 A^*+B^*가 된다. 그렇다면 이 잉여의 값은 클까, 작을까? 만일 크다면 완전 시장은 사회적 잉여라는 관점에서 바람직하고, 작다면 바람직하지 않은 셈이다. 이를 확인하기 위해 시장균형가격일 때의 사회적 잉여를 다른 가격일 때와 비교해 보자.

일단 시장균형가격보다 높은 가격 p에서 출발하자(〈그림 5-5〉). 이때 소비자잉여는 A, 생산자잉여는 B이므로 사회적 잉

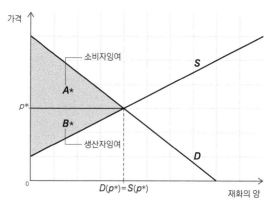

〈그림 5-4〉 시장균형가격 p*에서 사회적 잉여는 최대가 된다.

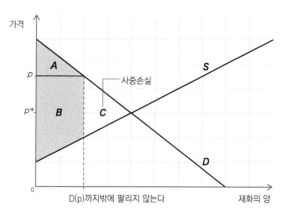

〈그림 5-5〉 가격이 시장균형가격보다 높을 때(p〉p*일 때) 사회적 잉여는 A+B.

여는 A+B다. 이 값은 시장균형가격일 때 사회적 잉여인 A*+B*

보다 작다. 다시 말해 시장균형가격이 사회적 잉여를 더 크게 만

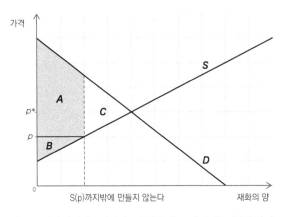

가격

$p*$

p

S

A

C

B

D

0

S(p)까지밖에 만들지 않는다   재화의 양

⟨그림 5-6⟩ 가격이 시장균형가격보다 낮을 때(p⟨p*일 때) 사회적 잉여는 A+B.

든다. 그리고 이 크기의 차이, 즉 A+B와 A*+B*의 차이를 **사중손실**deadweight loss이라고 한다. 사중손실은 ⟨그림 5-5⟩에서 보면 C에 해당하는 부분이다.

이어서 시장균형가격보다 낮은 p를 생각해 보자(⟨그림 5-6⟩). 이때 소비자잉여는 A, 생산자잉여는 B이므로 사회적 잉여는 A+B다. 이 크기는 시장균형가격일 때의 사회적 잉여인 A*+B*보다 작으며, C만큼이 사중손실에 해당한다.

다시 말해 시장균형가격은 사회적 잉여를 최대화하는 값이다. 그리고 시장균형가격은 공급이 수요를 웃돌 때는 가격이 인하되고, 수요가 공급을 웃돌 때는 가격이 인상되는 자유시장의 메커니즘에 따른 것이다.

자유시장이 이끌어내는 시장균형가격과 중앙집권체제가 정하는 공정가격에는 두 가지 큰 차이점이 있다.

첫 번째는 시장균형가격이 (일반적으로 시장균형가격과는 다른) 공정가격보다 사회적 잉여를 높인다는 점이다.

두 번째는 시장균형가격은 소비자의 선호와 생산자의 비용함수 같은 시장의 상태 변화에 유연하게 대처할 수 있다는 것이다. 이것은 도매 시장의 경매를 떠올려 보면 쉽게 이해할 수 있다. 갑자기 인기가 치솟은 생선이나 고기, 채소에는 높은 가격이 매겨진다. 또 흉작일 때도 농작물의 가격이 높게 매겨진다. 반대로 인기가 떨어지거나 수확량이 너무 많을 때는 농작물의 가격이 폭락한다.

도매 시장보다 거래가 많은 시장의 예로는 유가증권을 매매하는 증권거래소가 있다. 증권거래소에서는 시장의 동향에 즉각 반응하며 100분의 1초 단위로 매매 주문이 이루어진다. 1초 동안 인간의 눈으로는 쫓아갈 수 없는 속도로 가격이 변하기 때문에 인간을 대신해 프로그램을 짜서 고속 컴퓨터로 자동매매하는 **알고리즘 거래**도 빈번하다.

반면 공정가격으로는 시장의 동향에 시시각각 대응하기가

불가능하다. 일정한 정치 과정을 거쳐야만 가격을 바꿀 수 있고, 정치 분쟁의 불씨로 번질 가능성도 크기 때문이다.

종량세를 매기면 시장 균형은 어떻게 이루어질까

—

담배 가격 중 약 60퍼센트는 세금인데, 담배 사업자는 담배를 1,000개비 판매할 때마다 12,244엔의 담뱃세를 정부에 납부해야 한다(재무성 홈페이지 담뱃세).[1] 담뱃세처럼 판매하는 양에 따라 일정한 금액을 납부하는 세금을 **종량세**라고 부른다. 종량세에는 담뱃세 외에도 술에 부과되는 주세, 휘발유에 부과되는 휘발유세 등이 있다.

종량세는 소비자와 생산자, 그리고 시장에 어떤 영향을 미칠까? 주의해야 할 점은 '종량세를 매기는 법'이다. 같은 종량세라도 판매자(생산자)가 납세하는 방식과 구매자(소비자)가 납세하는 방식은 전혀 다르기 때문이다. 모든 의미에서 바람직한 방법은 어느 쪽일까? 직감으로는 판매자가 납세하는 편이 판매자

---

[1] 한국의 경우 4,500원짜리 담배 한 갑에는 세금이 3,318원이다. 담배 가격의 70 퍼센트 이상을 세금이 차지하는 셈이다.

에게 불리하고, 구매자가 납세하는 편이 구매자에게 불리할 것
처럼 보인다.

그렇다면 먼저 판매자가 상품을 1개 팔 때마다 t원을 납세하
는 방식을 따져보자.

이때 시장균형가격을 q라고 한다. 다시 한 번 정리하자면 시
장균형가격이란 수요와 공급이 일치하는 가격을 말한다. 그리고
지금 q라는 가격 중 판매자가 느끼는 실질 가격은 q-t원이다. 재
화를 1개 팔아 q원을 얻더라도 종량세가 t원 부과되기 때문이다.
따라서 판매자에게 종량세가 t원 부과될 때 가격 q가 수요와 공
급을 일치하게 한다는 사실은 $D(q)=S(q-t)$가 성립함을 말한다.

그렇다면 일치하는 수급의 양인 $D(q)=S(q-t)$는 무엇을 가리
킬까? 〈그림 5-7〉을 보면 알 수 있다. 이 양은 그림 속에서 말하
면 D와 S의 높이가 딱 t만큼 차이 나는 양이다. 즉, D의 높이와 S
의 높이가 딱 t만큼 다른 양이 $D(q)=S(q-t)$이다.

이때 소비자잉여는 A, 생산자잉여는 B다. 사회적 잉여는 둘
을 더한 A+B다. 이때 생산자잉여 중 T는 생산자 측이 종량세로
정부에 납부하기 때문에 세후 생산자잉여는 B-T가 된다. 종량세
제도 자체가 없을 때와 비교하면 사회적 잉여는 C만큼 감소했
다. 이 감소분은 종량세 도입이 시장균형가격을 왜곡한 데서 비

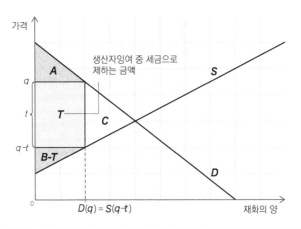

〈그림 5-7〉 판매자에게 재화 1개당 t원의 종량세를 부과했을 때의 경쟁 균형.

롯된 사회적 손실이다.

　다음으로 구매자가 재화를 1개 살 때마다 t원을 납세하는 방식을 생각해 보자.

　이때 시장균형가격을 r이라고 하자. 중요한 내용이므로 다시 한 번 짚고 넘어가면, 시장균형가격이란 수요와 공급이 일치하는 가격을 말한다. 그리고 가격이 r일 때 구매자가 느끼는 실질 가격은 r+t원이다. 왜냐하면 재화를 1개 살 때 r원만 내는 것이 아니라 종량세 t원도 함께 내기 때문이다. 따라서 구매자에게 종량세 t원이 부과될 때, 가격 r이 수급을 일치하게 한다는 사실은 $D(r+t)=S(r)$이 성립함을 나타낸다.

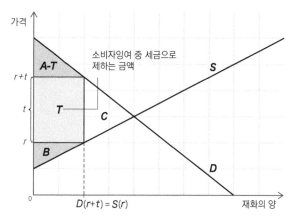

가격

소비자잉여 중 세금으로
제하는 금액

r+t   **A-T**   **S**

t   **T**   **C**

r

B   **D**

0   D(r+t) = S(r)   재화의 양

〈그림 5-8〉 구매자에게 재화 1개당 t원의 종량세를 부과했을 때의 경쟁 균형.

그렇다면 일치하는 수요와 공급의 양인 D(r+t)=S(r)이란 과
연 어떤 양을 말할까? 〈그림 5-8〉을 보면 알 수 있다. 이 양은 그
림으로 설명하면 D와 S의 높이가 딱 t만큼 차이 나는 양이다. 즉,
D의 높이와 S의 높이가 딱 t만큼 다른 양이 D(r+t)=S(r)이다.

이때 소비자잉여는 A, 생산자잉여는 B다. 사회적 잉여는
A+B다. 단, 소비자잉여 중 T는 구매자 측이 종량세로 지불한다.
세후 소비자잉여는 A-T다. 종량세 제도 자체가 없을 때와 비교
하면 사회적 잉여는 C만큼 감소했다. 이 감소분은 종량세 도입
이 시장균형가격을 왜곡한 데서 생겨 난 사회적 손실이다.

지금까지의 내용을 보면 판매자가 납세하든 구매자가 납세

하든 잉여는 차이가 없음을 알 수 있다.

두 방식 사이에 잉여의 차이가 발생하지 않는 이유는 시장에서는 판매자가 납세하는 방식일 때는 가격이 q로 오르고, 구매자가 납세하는 방식일 때는 가격이 r로 내려가 q=r+t가 성립하기 때문이다.

세금을 거두는 정부의 눈으로 이 문제를 바라보면 어떨까? 두 방식 사이에 잉여의 차이가 없다면 잉여는 신경 쓰지 않아도 된다. 따라서 다른 관점에서 방식을 선택하면 된다.

예를 들어 수월하게 세금을 거두고 싶다면 구매자 한 사람 한 사람에게 징세하는 방법보다 상대적으로 수가 적고 감시하기 쉬운 판매자에게 징수하는 방법이 낫다. 즉, 담뱃세처럼 구매자가 담배를 구입할 때는 가격에 종량세를 포함하여 판매자가 정부에 납세하는 방식이 편리한 것이다.

종량세가 사회적 잉여에 미치는 손해에 주의하자. 〈그림 5-7〉과 〈그림 5-8〉이 가리키듯이 종량세가 있을 때는 C라는 사중손실이 발생한다. 여기서 납세액은 T인데, 이것은 소비자잉여나 생산자잉여 중에서 정부에 지불된다.

거듭 말하지만 사중손실은 종량세를 부과하는 제도 자체가 만들어내는 사회적 손실이다. 생산자의 가격과 소비자의 가격이 괴리되어 발생하는 소비자잉여와 생산자잉여의 손실이다.

이 말은 사중손실을 발생시키니까 세금은 사라져야 한다는 주장이 아니다. 재분배와 공공재 공급 등, 정부가 세금을 활용해서 해결해야 하는 문제가 많은데, 여기서는 세금의 이점을 고려하지 않았기 때문이다. 하지만 이렇게는 지적할 수 있다. 사중손실의 부담을 사회에 지우면서까지 왜 종량세를 부과해야 하는지, 세금에 어떤 이점이 있는지 충분히 정당화할 필요가 있다고 말이다.

저격성 과세는 왜 실패하는가

—

종량세는 담뱃세를 비롯해 술이나 휘발유 등 특정한 재화를 대상으로 한다. 타깃이 된 재화는 때로 여기에 대항하기라도 하듯이 본래라면 필요하지 않은 기술을 개발해 맞선다.

그 예가 주세다. 일본에서는 1990년대에 맥주와 비슷한 발포주라는 술이 개발되었다. 발포주는 맥주와 비교하면 맥아의 비율이 낮아 주세에서 말하는 맥주의 정의를 충족하지 않는다. 따라서 생산자는 맥주에 부과되는 주세를 피해 싼값에 판매할 수 있다. 그러나 정부는 이 사태를 간과하지 않고 2003년에는 발포주에도 일정한 주세가 부과되도록 했다.[1] 맥주 제조업체는 원재료를 또 바꾸는 방법으로 '제3의 맥주'를 개발해서 맥주나 발포주에 부과되는 주세를 피하려고 했지만, 2006년에 주세법이 개정되어 제3의 맥주에도 일정한 주세가 부과되었다. 2016년 기준으로 350mL 한 캔당 주세는 맥주가 77엔, 발포주가 47엔, 제3의 맥주가 28엔이다. 같은 해 일본 정부는 앞으로 주류에 부과된 세액을 모두 55엔으로 통일해 나갈 방침이라고 발표했다.

맥주에 부과하는 종량세가 끼친 사회적 손실은 사중손실뿐만이 아니다. 발포주나 제3의 맥주가 주세법에서 규정하는 '맥주'의 정의에 해당하지 않도록 제조업체가 기술을 개발해 품질이 떨어지는 맥주를 만들어 낸 것도 손실이라고 볼 수 있다. 이 기술을 개발하는 데는 물론 비용이 든다. 세금을 피하기 위한 비용 역시 종량세가 끼친 사회적 손실의 일종이다. 이런 맥주를 만드는 기술은 당시 일본의 주세법에서는 유효하지만, 일본의 주세법이 바뀌거나 주세법이 다른 외국에서는 쓸모없는 기술이다.

---

[1]   2017년에 출시된 하이트진로의 필라이트도 주세법상 맥아 함량을 충족하지 않아 기타 주류로 분류되어 30퍼센트의 세율만 적용 받는다(맥주는 72퍼센트). 그러나 한국에서는 일본처럼 이런 음료를 타깃으로 하여 주세가 개정되지는 않았다.

다른 기술 개발에 쓸 수 있었던 투자 비용이 과세 당국과의 꼬리 잡기 놀이에 소모된 셈이다. 특정한 품목을 저격하는 종량세는 사중손실 이외에도 이러한 사회적 손실을 만들어 낼 수 있다.

06

외부성

타인이 주는 손해와 이익

5장에서는 시장균형가격에서 사회적 잉여가 최대화된다는 사실을 살펴보았다. 그러나 만일 기업의 생산 활동으로 공해 같은 사회적 부담이 발생한다면 집계되지 않은 손실을 사회에 끼치므로 진정한 의미에서 잉여가 최대화되었다고 볼 수 없다. 기업의 생산 활동이 외부에 미치는 부정적 영향을 어떻게 내부화하면 좋을까? 6장에서는 그 방법으로 환경세에 대해 알아본다. 또 외부에 미치는 긍정적 영향인 외부경제와 IT 서비스를 이해하는 데 꼭 필요한 네트워크 외부성에 관해서도 알아볼 것이다.

삼나무 임업자에게 꽃가루 알레르기를 보상받으려면,

외부불경제

—

나는 삼나무 꽃가루 알레르기가 있다. 그래서 봄이 다가오는 게 고역이다. 콧물과 재채기는 물론이고 눈물이 그렁그렁 차오른다. 나를 힘들게 하는 것은 이런 알레르기 증상뿐만 아니라 약값도 한 몫 한다. 다시 말하면 삼나무 임업자는 삼나무를 생산하는 과정에서 내게 상당한 부담을 준다고 말할 수 있다. 소정의 위로금, 하다못해 약값이라도 주었으면 하는 마음이다.

삼나무 꽃가루 알레르기처럼 특정한 생산 활동이 거래를 거치지 않고 다른 사람에게 미치는 부정적인 영향을 **외부불경제**라고 한다. 예를 들어 지역 주민에게 가벼운 피해를 주는 생산

활동을 생각해 보자. 여기서 '가벼운'은 돈으로 보상할 수 있는 정도의 피해라는 의미다. 피해를 메우고도 남는 보상을 받을 수 있다면 주민으로서는 바람직하다. 하지만 아무리 거금을 준들 중한 병에 걸리거나 죽음에 이르는 피해를 입고 싶은 사람은 없으므로 이러한 심각한 피해는 가정에서 제외한다.

기업의 생산 활동이 주민에게 미치는 피해를 금액으로 측정한 값이 생산량 1개일 때 2원, 2개일 때 5원, 3개일 때 9원이라고 하자(〈그림 6-1〉). 추가 생산에 따른 **한계 피해**는 처음 한 개째는 2원, 다음 두 개째는 3원(5-2=3), 그다음 세 개째는 4원(9-5=4)이다(〈그림 6-2〉). 한계 비용과 마찬가지로 한계 피해를 매끄러운 곡선으로 그리면 〈그림 6-3〉처럼 된다. 생산량이 y일 때, 0에서 y까지의 한계 피해의 면적이 주민들이 입은 피해 금액이다.

기업의 비용함수와 이에 따른 피해가 〈그림 6-4〉와 같다고 하자. 시장 가격이 p일때 생산량의 최적해는 한계 비용과 가격이 일치하는 ȳ다. 그러나 이러한 생산은 주민에게 피해를 준다. 이 피해를 생산에 드는 비용으로 보면 '진짜 비용'은 생산 비용과 피해를 더한 값이 된다. 그리고 '진짜 한계 비용'은 한계 비용에 한계 피해 t를 더한 〈그림 6-4〉의 굵은 선으로, 따라서 '진짜 최적해'는 y^*다.

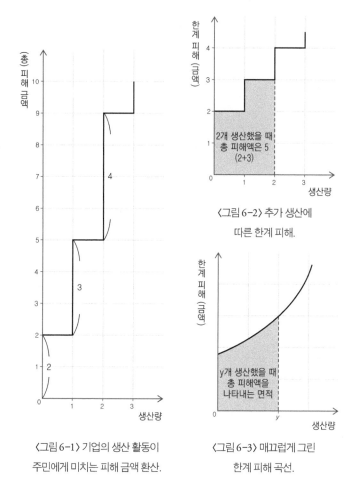

〈그림 6-1〉 기업의 생산 활동이
주민에게 미치는 피해 금액 환산.

〈그림 6-2〉 추가 생산에
따른 한계 피해.

〈그림 6-3〉 매끄럽게 그린
한계 피해 곡선.

기업이 생산량을 ȳ에서 y^*까지 줄이고 주민에게 피해를 보
상하는 환경세인 **피구세**를 기업에 부과해 보자. 〈그림 6-4〉에서

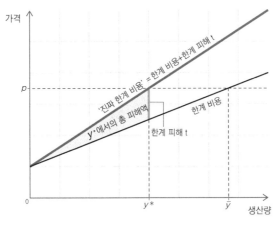

가격

p

'진짜 한계 비용' = 한계 비용+한계 피해 t

y*에서의 총 피해액

한계 피해 t

한계 비용

0   y*   ȳ   생산량

〈그림 6-4〉 피구세를 부과하기 전의 최적해는?

알 수 있듯이 진짜 최적해인 y*에서의 한계 피해를 t로 나타냈다.

피구세 제도로 인해 기업은 재화를 1개 생산할 때마다 t원의 세

금을 내게 된다. 기업의 한계 비용을 t원씩 높이는 셈이다. 〈그림

6-5〉는 기업에 피구세를 부과하여 한계 비용이 t원씩 올라간 상

황을 나타낸 것이다.

　피구세가 부과되어 한계 비용이 상승했을 때, 최적해는 새

로운 한계 비용과 가격이 일치하는 y*가 된다. 따라서 기업은 여

기에 맞추어 '진짜 최적해'를 생산한다. 그리고 주민은 y*×t원

을 피해 보상금으로 받게 된다. 〈그림 6-4〉와 〈그림 6-5〉에서의

면적을 비교하면 알 수 있듯이 피구세 제도의 보상금은 총 피해

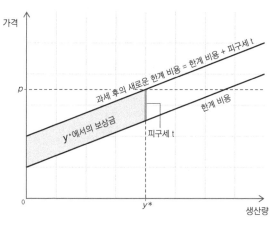

가격

과세 후의 새로운 한계 비용 = 한계 비용 + 피구세 t

p

과세 후의 새로운 한계 비용

y*에서의 보상금

한계 비용

피구세 t

0

y*

생산량

〈그림 6-5〉 피구세를 부과한 후의 최적해는 y*.

금액을 웃돈다. 이렇게 해서 기업이 외부의 주민에게 부담하게
한 피해는 피구세를 통해 기업이 지불하게 되는데, 이것을 **외부
성의 내부화**라고 한다.

지하철과 부동산, 외부경제

—

특정한 생산 활동이 거래를 거치지 않고 제삼자에게 주는
긍정적인 영향을 **외부경제**라고 한다. 일본에서는 여러 민간 회
사가 전철을 운영하는데, 한 전철 회사가 특정 지역에 전철 노선

을 새롭게 개통했다고 하자. 전철 회사가 새로 개통한 노선의 전철 사업에서 이익을 얻을 뿐만 아니라, 이전부터 선로 주변에 있던 상업 시설도 손님이 늘어 이익이 오르는 긍정적인 영향을 받게 된다.

보통 외부경제는 외부불경제와 달리 사회 문제가 되지 않는다. 그리고 전철 회사가 직접 노선 주변의 부동산을 개발해서 외부경제를 스스로 내부화하는 일도 많다. 도쿄 인근의 수도권에서는 도큐전철이, 오사카 근처의 간사이 지역에서는 한큐전철이 전형적인 예인데, 대부분의 전철 회사는 노선 개통에 맞춰 노선 주변의 주택지와 상업 시설 개발 사업을 추진한다.[1]

다른 예로 감염병의 예방 접종에도 외부경제가 있다. 독감 예방 접종을 맞은 사람은 자신이 독감에 걸릴 확률을 낮출 뿐만 아니라 다른 사람에게 독감을 옮길 확률을 낮춘다. 이러한 외부경제를 내부화하는 구조에는 예방 접종 비용을 개인 부담이 아니라 공적 의료보험 부담으로 하는 방법이 있다. 단 예방 접종을 하기 위해서 시간을 내 병원까지 발걸음을 옮기고 주사 공포증이나 잠깐의 아픔을 견뎌야 하므로 돈을 내지 않는다고 해서 개

---

[1]   한국의 철도 및 지하철 회사는 수익 사업의 규모가 아직 역 구내매점 임대 정도에 그친다.

인 부담이 완전하게 0이 되는 것은 아니다.

네트워크 외부성과 조정 게임

—

예방 접종과 통신 도구는 대조적이다. 예를 들어 독감 예방 접종을 한 사람이 많으면 독감이 유행할 가능성이 줄어들어서 자신이 예방 접종을 할 이유가 없어진다. 그러나 반대로 전자메일로 통신하는 사람이 많으면 전자메일의 편의성이 높아져 자신도 전자메일을 사용할 때 얻는 이점이 늘어난다.

통신 도구는 사람들이 특정한 도구로 통신할 때 자신도 같은 도구를 사용해야만 이점이 생긴다. 통신 도구는 다른 사람과의 커뮤니케이션을 목적으로 하기 때문이다.

트위터, 페이스북, 라인 등 네트워크 서비스 사업자의 눈에서 바라보면 어떨까? 트위터를 시작한 사람은 친구나 관심 있는 유명인 등이 이미 트위터를 이용하고 있어서 가입하는 경우가 많다. 다른 사람과 이어주는 네트워크 서비스의 가치는 이용자의 수에 크게 의존한다. 이 특징을 **네트워크 외부성**이라고 한다.

기존의 이용자가 새로운 이용자를 불러들이는 구조를 띠는 네트워크 서비스 사업에서는 일단 서비스가 궤도에 오를 때까지 이용자의 수를 늘리는 것이 큰 과제다. 그러므로 신규 사업자가 이미 많은 이용자를 보유한 기존 사업자에게 맞서기란 쉽지 않다.

미국 시카고대학의 카시오포 교수팀은 대대적으로 조사를 실시했는데, 이에 따르면 미국에서는 2005년부터 2012년에 결혼한 커플의 3쌍 중 1쌍 이상이 온라인에서 만났다고 한다. '매치닷컴' 같은 유명한 소개팅 사이트도 있다. 이러한 상황에서 새로운 소개팅 사이트 서비스를 만들려면 아무리 편의성이 좋아도 처음에는 사용자가 적어서 새로운 사용자를 끌어들이기 어렵다.

무엇을 고를지보다 타인과 같은 것을 고르는 행동이 중요한 상황을 단적으로 그린 것이 조정 게임이다. 여기서는 조정 게임의 간단한 예로 한 커플이 A사와 B사 중 어느 쪽의 이동통신사를 사용할지 생각해 보자. 커플이 같은 통신사를 이용하면 서로 무료 통화 혜택을 누릴 수 있는데, 이 혜택은 두 사람에게 매우 중요하다. 그러나 다른 통신사를 사용하면 무료 통화 혜택을 받을 수 없다.

일어날 수 있는 상황에는 4가지가 있다. 남자친구가 A사, 여자친구가 B사를 사용하는 상황을 (A, B)라고 나타내자. 각각의 상황을 (A, A), (A, B), (B, A), (B, B)로 나타낼 수 있다.

〈표6-1〉은 이득표라고 하는데, 각 상황에서 남자친구와 여자친구의 만족도를 나타낸다. 이득표의 칸에 있는 숫자는 다음과 같이 읽는다. 남자친구가 A를, 여자친구가 B를 선택한 (A, B)에서는 남자친구와 여자친구의 만족도 모두 1이다.

남자친구 \ 여자친구	A	B
A	2, 2	1, 1
B	1, 1	2, 2

〈표6-1〉 조정 게임의 이득표.

하지만 (A, B)인 상황은 오래 가지 않는다. 통신사를 옮기는 편이 자신의 만족도가 오르기 때문에 남자친구가 B로 변경하여 (B, B) 상태가 되거나 여자친구가 A로 통신사를 옮기는 (A, A) 상태로 바뀌기 때문이다.

예를 들어 상황 (A, B)에서 남자친구가 B로 통신사를 변경하여 상황 (B, B)가 되면 남자친구의 만족도는 1에서 2로 오르고, 여자친구의 만족도도 1에서 2로 오른다. 물론 남자친구가 자신뿐만 아니라 여자친구의 만족도까지 고려했을 수 있지만, 자신의 이익만 따져도 B로 통신사를 변경하는 편이 이득이다.

그리고 상황 (B, B)에서는 남자친구도 여자친구도 아무런 변경을 하지 않는다. 변경하면 만족도가 2에서 1로 내려가 손해를 보기 때문이다. 물론 상황 (A, A)도 마찬가지로 두 사람 모두 변경하지 않는다. 이 커플에게 통신사가 A인지 B인지는 중요하지 않다. A사든 B사든 두 사람이 같은 회사를 사용한다는 사실만이 중요하다.

자신이 취하는 행동을 바꾸었을 때 손해를 보므로 혼자서는 행동을 바꾸려고 하지 않는 상황을 **내쉬 균형**이라고 한다. 내쉬 균형은 일종의 고착된 상황이다. 여기서는 (A, A)와 (B, B)가 내쉬 균형인데, 일단 이 상태에 빠지면 상황은 바뀌지 않는다.

남자친구＼여자친구	A	B
A	3, 3	1, 1
B	1, 1	2, 2

〈표 6-2〉 조정 게임의 이득표. 내쉬 균형 (A, A)가
다른 내쉬 균형인 (B, B)보다 파레토 우위가 되는 경우.

조정 게임의 설정을 하나 바꿔 보자. A사의 서비스가 B사 서비스보다 좋아서 이득표는 〈표 6-2〉와 같다고 한다. 내쉬 균형

은 지금까지와 마찬가지로 (A, A)와 (B, B)지만 하나 다른 점은 이 커플에게 (A, A) 쪽이 (B, B)보다 바람직하다는 사실이다. 실제로 (A, A)에서는 남자친구의 만족도와 여자친구의 만족도 모두 3이지만, (B, B)에서는 둘 다 2로 떨어진다. A사의 서비스가 B사의 서비스보다 좋기 때문이다.

다시 말해 이 조정 게임에서는 두 사람에게 (A, A)가 (B, B)보다 바람직하다. 이것을 (A, A)는 (B, B)보다 **파레트 우위**라고 한다. 또 (B, B)는 (A, A)보다 **파레트 열위**라고 한다.

그렇다면 이 커플은 파레트 열위인 (B, B)에서 벗어날 수 있을까? 하나 말할 수 있는 점은 (B, B)에서는 둘 중 한 사람만 통신사를 B에서 A로 변경하는 것이 손해라는 사실이다. 남자친구가 통신사를 B에서 A로 변경하면 상황은 (B, B)에서 (A, B)로 바뀐다. 그리고 남자친구 본인의 만족도는 2에서 1로 떨어지고, 여자친구의 만족도도 2에서 1로 떨어진다. 따라서 (B, B)에서 벗어나기 위해서는 두 사람이 함께 통신사를 변경해야만 한다.

물론 실제 연인 사이라면 두 사람이 사이좋게 의논해서 함께 통신사를 변경하면 된다. 그러나 서로 알지 못하는 수없이 많은 사람이 이러한 조정 게임을 하는 상황에 놓인다면 같이 통신사를 변경하자고 이야기해서 함께 B에서 A로 바꾸기 어렵다.

네트워크 서비스 사업자의 눈으로 이 문제를 보면, 자신이 제공하는 서비스가 타사보다 뒤떨어진다고 하더라도 일단 많은 사람을 사용자로 확보하기만 하면 그 상황은 오래 가기 쉽다.

'우승열패優勝劣敗'라는 말이 있다. 말 그대로 뛰어난 것이 이기고 뒤떨어지는 것이 진다는 의미다. 그러나 네트워크 외부성이 강한 시장에서는 우승열패가 반드시 성립한다고 볼 수 없다. 뛰어나든 뒤떨어지든 먼저 내쉬 균형의 자리를 차지하는 사람이 이기기 때문이다.

'모노즈쿠리'라는 표현은 일본의 제조업을 상징하는데, 최고 품질의 물건을 만들기 위한 장인 정신을 말한다. 그러나 네트워크 외부성이 높은 서비스에서 제조업의 '모노즈쿠리'는 중요하다고 보기 어렵다. 라이벌과의 경쟁에서 살아남기 위해서는 사람이 사람을 불러들이도록 서비스를 궤도에 올리거나 표준 규격의 왕좌를 사수하는 것만이 유일하면서 최선의 수단이다. 이렇듯 네트워크 외부성은 기능이 뛰어난 상품이 반드시 이기지는 않는다는 것을 보여준다.

그건 그렇고, 나는 이 책을 포함한 거의 모든 원고를 마이크로소프트사의 '워드'라는 소프트웨어를 사용해서 쓴다. 이 프로그램에 대한 악평이 자자한 데다 나 역시 그 의견에 어느 정도

동의하지만, 지금까지 원고를 보낼 때마다 출판사 쪽에서 '저희는 워드를 사용하지 않습니다'라고 말한 적은 한 번도 없었다. 이것이 내가 워드를 사용하는 이점이다. 또한 내가 계속 워드를 사용함으로써 출판사 또한 워드를 계속 사용하는 이점이 적게나마 늘어나는 것이 틀림없다. 이런 상황이 파레트 열위인 내쉬 균형일지도 모른다.

07

독점과 과점

여러 종류의 시장

5장에서 살펴보았듯이 모든 기업이 가격수용자인 완전 시장에서는 가격이 시장균형가격으로 정해지며 사회적 잉여가 최대화된다. 그러나 기업이 하나밖에 없는 독점 시장이나 기업의 숫자가 적은 과점 시장에서는 기업은 가격수용자가 아니다. 이러한 불완전 시장에서는 기업이 의도적으로 생산량을 줄이는 감산을 통해 가격을 올려 이윤을 높일 수 있다. 그러나 미래에 경쟁사가 나타날 가능성이 있다면 독점력을 100퍼센트 행사하는 것이 반드시 이득은 아닐 수 있다.

생산량을 줄여서 가격을 올리다

—

석유수출국기구(OPEC)는 사우디아라비아나 이란을 비롯한 산유국이 형성한 연합이다. 2016년 12월 10일에 이 기구는 다른 주요 산유국과 내각회의를 열어 석유 감산에 합의했다. 이 소식이 퍼지자 원유 시장에서 석유 가격은 상승했고 산유국은 목표를 달성할 수 있었다.

석유뿐만 아니라 시장에 공급되는 재화의 양이 줄어들면 재화의 가격은 상승한다. 이 사실을 〈그림 7-1〉과 〈그림 7-2〉에서 생각해 보자.

일단 시장 균형에서 공급량은 Y*, 가격은 p*다. 생산자들의 이윤의 합인 생산자잉여는 B*의 면적으로 나타낼 수 있다(〈그림

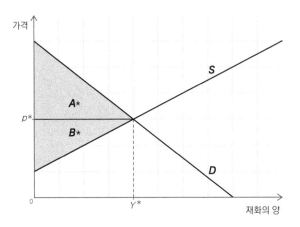

〈그림 7-1〉시장 균형인 상황. 생산량이 Y*(=D(p*)=S(p*))가
되는 시장 균형에서 사회적 잉여가 최대화된다.

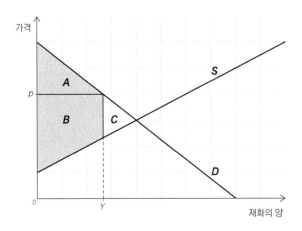

〈그림 7-2〉감산한 상황. 생산자잉여 B는 감산하기 전의 B*보다 크다.
소비자잉여 A는 감산하기 전의 A*보다 작다.
둘을 더한 사회적 잉여 A+B는 감산 이전의 A*+B* 보다 작아진다.

7-1〉). 여기서 생산자들이 공급량을 Y까지 낮추면 가격은 p로 상승하고 생산자잉여는 B까지 늘어난다(〈그림 7-2〉).

새로운 생산자잉여인 B는 원래 B*보다 크다. 따라서 공급량을 Y*에서 Y까지 줄이는 것은 생산자에게 이득이지만 소비자에게는 이득이 아니다. 소비자잉여는 A*에서 A까지 줄어들기 때문이다. 이때 두 잉여의 합인 사회적 잉여의 관점에서 이 감산을 평가하면 어떻게 될까. 감산 후의 사회적 잉여인 A+B는 시장 균형에서의 사회적 잉여 A*+B*보다 C만큼 감소한다. 감산을 통해 생산자는 돈을 벌지만 그 이상으로 소비자는 손실을 보므로 전체적으로는 사중손실인 C만큼의 사회적 손실이 발생한다.

자신이 정한 생산량으로 시장 가격에 영향을 미치지 못하는 기업을 가격수용자라고 앞서 설명했다. 가격수용자는 감산함으로써 가격을 끌어올릴 영향력이 없다. 시장에 경쟁 상대가 많을 때, 각 기업은 가격수용자가 된다. 모든 기업이 가격수용자인 시장을 완전 시장이라고 하며, 그렇지 않은 시장을 불완전 시장이라고 한다. 하나의 독점 기업만 존재하는 독점 시장은 물론 불완전 시장이다.

독점 시장에서는 기업의 생산량과 시장에 유통되는 재화의 총량이 같다. 그러므로 생산량을 조절하여 얼마든지 가격을 조정할 수 있다. 가령 감산을 통해 가격을 올리고 이윤을 높일 수 있다. 물론 이런 행태는 독점 기업만이 아니라 독점 기업처럼 영향력을 행사할 수 있는 조직이나 연합도 가능하다. 석유 감산에 협조하는 산유국 연합이 그 예다.

석유 감산에 협조하는 것과 비슷한 예로 풍년에 가격 폭락을 막으려고 애써 수확한 채소를 폐기하는 농가를 들 수 있다. 2012년에는 배추와 양배추 풍작으로 도쿄의 오타시장에서 가격이 예년보다 30퍼센트 정도 폭락하고 말았다. 그래서 일본전국농업조합연합회는 가격을 올리기 위해 농가에 채소를 폐기처분하도록 요청했다. 생산 비중이 높은 나가노현에서는 배추 2,175톤, 양배추 150톤이 폐기 처분되었다고 한다(일본경제신문 전자판, 2012년 9월 18일 자).[1]

하나하나로 보면 가격수용자인 농가가 연합함으로써 가격 수용자에서 벗어나 독점 기업처럼 행동할 수 있다. 이렇게 되면 대규모 폐기 처분으로 가격을 상승시킬 수 있다. 먹거리를 폐기하는 행동은 아까운 짓이다. 아까우니까 누군가에게 공짜로 주면 좋을 텐데 하고 생각할지도 모르지만, 그렇게 하면 그만큼 시

---

[1] 한국에서는 2016년에 '금배추'로 불릴 정도로 배추 가격이 급등하였으나, 2017년에는 풍작으로 배추 생산량이 급증해 가격이 폭락하자 산지 폐기한 사례가 있다.

장에서 수요가 줄어들어 역시 가격이 붕괴되고 만다. 농가 입장
에서도 기껏 일군 밭을 갈아엎는 것은 슬픈 일이지만, 그러지 않
으면 이윤을 많이 얻을 수 없다.

시장 진입을 저지하는 한 가지 방법

—

이 책의 수준을 넘어 조금 더 본격적인 미시경제학을 공부
할 때는 약간의 수학이 필요하다.

경제 수학 참고서 하면 일본에서는 『경제학에 나오는 수학』
이라는 책이 단연 최고를 달린다. 다루는 내용이 풍부할 뿐 아니
라 설명이 쉬워 정말 잘 만든 책이라 할 수 있다.

이 책은 크기가 큰 데다 380쪽이나 된다. 따라서 제작비가
틀림없이 많이 들 것이다. 하지만 가격은 2,100엔으로 생각보다
저렴하다(초판 1쇄의 소비세 불포함 가격). 이런 크기, 이런 분량의
책은 아무리 싸도 3,800엔 정도로 값을 매겨야 상식적이다.

아무튼 이 책은 고품질의 경제 수학 교과서로서 유일무이하
다고 말할 수 있을 정도로 독점적인 지위를 확보하고 있다. 그러
니 가격을 더 올려도 판매 부수는 그다지 줄어들지 않을 것이다.

3장에서 배운 말로 표현하면 가격탄력성이 낮은 상품이다. 그런데 왜 가격을 낮게 설정해서 박리다매 상품으로 만든 걸까?

자선 사업으로 생각하고 책 가격을 이렇게 매겼을 수도 있지만 정확한 이유는 알 수 없다. 하지만 한 가지는 확실하게 말할 수 있다.

이 책이 출판됨으로써 '언젠가 경제 수학책을 써야지!' 하고 생각하던 내 의욕이 싹 사라졌다는 점이다. 물론 나를 의식해서 이런 가격을 매겼다고 생각할 만큼 거만하지는 않다.

어디까지나 가정이지만, 내가 크나큰 노력을 기울여서 『경제학에 나오는 수학』과 비슷한 수준의 경제 수학 교과서를 썼다고 하자. 이때 내가 쓴 책을 2,100엔 이하의 가격으로 내줄 출판사는 아마 없을 것이다. 지금 이 책을 내준 출판사도 아마 그렇게는 해주지 않을 것 같다.

짐작하건대 이 수준, 다시 말해 비교적 싸다고 해도 2,000엔 이상의 값이 나가는 난이도의 경제 수학 교과서 시장은 그렇게 크지 않다. 만약에 내 책이 성공해서 『경제학에 나오는 수학』의 독자층을 어느 정도 빼앗아 왔다고 하더라도 이윤이 적은 데다가薄利 많이 팔기도多賣 어려울 것이다. 이렇듯 노력은 많이 들고 이익은 적은 상품을 누가 만들려 하겠는가.

바꿔 말해 나와 출판사가 경제 수학 교과서 시장에 진입할 인센티브는 기존의 값이 싼 우량 상품 때문에 줄어든다. 경제 수학 교과서를 쓸 의욕을 잃은 잠재적인 저자가 나뿐만은 아닐 것이다.

독점적 지위를 지닌 고품질의 재화라고 하더라도 장기적으로 보았을 때 잠재적인 경쟁 상대가 있는 시장이라면 높은 가격이 반드시 이윤을 높인다고는 할 수 없다. 일시적으로는 높은 이윤을 가져다주지만, 낮은 가격을 무기로 신규 진입하는 경쟁자가 나타나서 장기적으로는 이윤을 낮추기 때문이다.

경쟁자가 가격 경쟁을 일으키며 신규 진입한 사례를 하나 들어 보겠다.

스타인웨이의 피아노는 연주자들에게서 세계적으로 높은 평가를 받고 있으며, 일본에도 여러 공연장에 비치되어 있다. 마쓰오악기상회는 스타인웨이로부터 일본 국내에서의 판매를 독점하는 대리점 지위를 얻었다. 다시 말해 마쓰오악기상회는 일본 국내에서 스타인웨이 피아노를 독점적으로 공급했다.

그러나 스타인웨이는 일본 이외의 대리점, 예를 들어 네덜란드나 독일의 대리점에도 피아노를 판매한다. 마쓰오악기상회 이외의 일본 회사는 다른 나라의 스타인웨이 대리점에서 피아노를 사서 일본으로 수입할 수 있다. 즉 일본의 회사는 스타인웨이 피아노를 병행 수입해 사업을 추진할 수 있었다.

이에 마쓰오악기상회는 스타인웨이에 병행 수입을 할 수 없도록 조치해 달라고 요청했다. 다른 나라의 대리점에 지시해 일본 회사에 피아노를 팔지 않도록 스타인웨이가 손을 써 달라고 한 것이다. 스타인웨이는 마쓰오악기상회의 요청에 응했지만, 일본의 공정거래위원회는 독점금지법을 위반한다고 권고하여 병행 수입은 재개되었다.

이야기를 정리해 보자. 오늘날 독점 기업이라고 하더라도 미래 시점에 경쟁 상대가 진입할 수 있는 상황이라면 재화에 높은 가격을 매기는 것이 반드시 이득이라고는 말할 수 없다. 오히려 의도적으로 가격을 낮춰서 경쟁 상대가 진입할 인센티브를 깎아내리는 쪽이 이득일 때도 있다.

게임 트리로 그려보는 전개형 게임
—

지금부터 이러한 상황을 단적으로 그린 **전개형 게임**을 살펴보자. 전개형 게임이란 한 플레이어가 먼저 '공격'을 하고 다른 플레이어는 '수비'를 맡는 것처럼 사람들이 순서대로 의사결정을 내리는 상황을 그린 분석 도구다. 상황을 정리해서 게임 트리 Game Tree라는 그림으로 전개형 게임을 표시해 나간다.

기존의 독점 기업 A와 신규 진입을 노리는 기업 B가 플레이어다. 지금부터 2단계로 이루어진 전개형 게임을 그려 보자.

1단계에서는 먼저 공격하는 A가 선택을 내린다. A는 독점적으로 판매하는 재화의 가격을 높게 매길지 낮게 매길지 선택한다. 2단계에서는 B가 선택을 내린다. B는 1단계에서 A의 선택을 보고 같은 재화를 판매하는 사업에 진입할지 말지 선택한다. 이렇게 해서 두 회사의 이윤이 정해진다.

A가 높은 가격을 매기면 그것을 본 B는 승산이 있다고 판단해서 시장에 진입한다. 그러나 A가 낮은 가격을 매겨 놓으면 B는 승산이 없다고 판단해서 진입하지 않는다. 낮은 가격에 낮은 가격으로 맞붙어 봐야 손해만 보기 때문이다. 그리고 이를 예상한 A는 미리 가격을 낮게 매겨서 B가 시장에 진입할 인센티브를 낮추는 편이 이득이다. 〈그림 7-3〉의 게임 트리가 나타내는 전개형 게임은 이런 상황을 그린 것이다.

여기서 A가 낮은 가격을 선택하고 B가 진입하지 않는다는 선택의 조합인 (낮은 가격, 진입하지 않음)이 **서브 게임 완전 균**

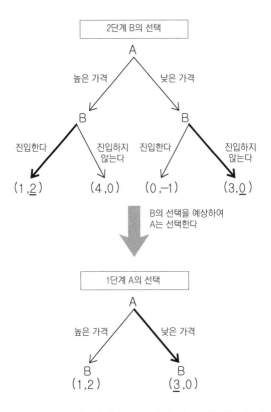

〈그림 7-3〉 전개형 게임은 A가 미리 낮은 가격을 매겨서 B가
시장에 진입할 인센티브를 깎아내리는 것이 이득이다.
괄호 안의 숫자는 (A의 이윤, B의 이윤)을 나타낸다.

형의 결과가 된다. 서브 게임 완전 균형의 결과란, '자신이 이렇

게 선택하면 상대방은 이렇게 선택할 것이다'라고 플레이어가

예상해서 자신의 이윤이 가장 높아지는 선택을 하는 것이다. 이러한 A의 사고 과정을 하나하나 쫓아가 보자.

- 내가 가격을 높게 매기면 B가 따라서 시장에 진입할까? 아마 진입하겠지. B의 이윤은 진입하면 2지만 진입하지 않으면 0이 되니까.
- 내가 가격을 낮게 매기면 B가 따라서 시장에 진입할까? 아마 진입하지 않겠지. B의 이윤은 진입하면 -1이고 진입하지 않으면 0이니까.
- 그렇다면 나의 이윤은 높은 가격을 선택하면 1, 낮은 가격을 선택하면 3이 되겠군. 가격을 낮게 매기는 편이 이득이니까 낮은 가격을 선택해야지.

이렇게 해서 A는 낮은 가격을 선택하고 B는 진입하지 않는다는 선택을 내린다. A의 사고 과정은 '내가 이렇게 하면 상대방이 이렇게 하겠지' 하고 나중에 일어날 일에서부터 반대로 풀어나갔는데, 이러한 추론 방법을 **역방향 귀납법**Backward induction이라고 한다. 서브 게임 완전 균형의 결과는 역방향 귀납법으로 구할 수 있다.

생산량이 가격에 영향을 미치는 꾸르노 과점 시장

—

지금부터는 같은 재화를 생산하는 기업 A와 B가 각자 생산량을 결정하면 총생산량에서 시장 가격이 정해지고, A와 B의 이윤이 정해지는 꾸르노 과점 시장을 살펴보자.

3장에서 배운 베르뜨랑 과점 시장에서는 공급자(커피를 파는 존과 폴)가 가격을 선택했다. 한편 꾸르노 과점 시장에서 공급자(기업 A와 기업 B)가 선택할 수 있는 요소는 생산량이다.

꾸르노 과점 시장에서 기업은 자사의 생산량이 가격에 영향을 미치므로 가격수용자가 아니다. 그리고 타사의 생산량도 가격에 영향을 미치므로 독점 기업과도 다르다. 이렇게 소수의 기업이 있는 시장을 **과점**이라고 하며, 공급자의 수가 두 개일 때를 **복점**이라고 한다.

이야기를 단순화하여 각 회사가 선택할 수 있는 생산량은 '소량', '중간', '대량'이라고 하자. 일어날 수 있는 상황은 3 × 3 = 9가지가 있다. 〈표 7-1〉은 각 상황에서 두 회사가 거두는 이윤을 나타낸다. 예를 들면 A가 소량, B가 중간으로 생산할 때 A의 이윤은 4, B의 이윤은 8이다. 〈표 7-1〉을 보면 A와 B 모두 소량을 선택하면(소량, 소량) 두 회사 모두 높은 이윤인 (7, 7)로 이어지므로 바람직하게 보인다. 재화의 희소가치가 높아져 가격이 올랐기 때문이다. 〈표 7-1〉의 수치는 이와 같은 상황을 나타낸다.

A \ B	소량	중간	대량
소량	7, 7	4, 8	3, 6
중간	8, 4	5, 5	2, 2
대량	6, 3	2, 2	1, 1

〈표7-1〉이윤표.

그러나 (소량, 소량)은 실현되기 어렵다. A와 B 모두 상대방이 소량만 생산한다면 자신은 중간으로 선택하는 편이 이득이기 때문이다. B가 소량을 선택했을 때, A는 소량을 선택하면 7, 중간을 선택하면 8, 대량을 선택하면 6의 이윤을 얻기 때문이다.

그렇다면 어떤 상황이 펼쳐질까? 결론부터 말하자면 A도 B도 중간을 선택하는 (중간, 중간)으로 끝난다. 만일 다른 상황, 예를 들어 (소량, 소량)을 선택했다고 하더라도 오래 가지 않는다. 왜 그런지 알아보기 위해 A의 관점에서 이윤표를 바라보자.

만일 B가 중간으로 생산한다면 A는 어떻게 될까? 결론부터 말하면 이때 A는 중간을 선택할 것이 틀림없다. 표의 숫자를 보

고 크기를 비교하며 생각해 보자. B는 지금 중간을 선택했다. A
가 여기서 많은 생산량을 선택하면 가격이 폭락해 이윤은 2밖
에 되지 않는다. 그리고 적은 생산량을 선택하면 가격 붕괴는 일
어나지 않지만 생산량이 적어 A의 이윤은 4에 그친다. 중간이면
딱 좋은 가격과 생산량으로 이윤은 5가 된다. 따라서 A에게는 중
간을 선택하는 것이 가장 이득이다. 마찬가지로 B도 A가 중간을
선택하면 생산량을 중간으로 하는 편이 가장 이득이다.

이렇게 (중간, 중간)처럼 상대방이 지금의 선택을 유지하는
한, 자신도 지금의 선택을 내리는 것이 서로 이득인 상황을 '내
쉬 균형'이라고 앞서 말했다(6장 참조).

여기서 내쉬 균형은 (중간, 중간)뿐이고 다른 상황은 내쉬
균형이 될 수 없다. 예를 들어 (대량, 중간)이라면 A는 많은 양을
포기하고 중간으로 하면 이윤이 2에서 5로 올라 이득을 본다. 그
러니 (대량, 중간)은 내쉬 균형이 될 수 없다.

A와 B는 (소량, 소량)인 쪽이 내쉬 균형의 (중간, 중간)보다
도 이윤이 5에서 7로 오른다. 즉 소비자의 이익을 잠시 제쳐두고
생산자인 A와 B만 생각하면 (소량, 소량)은 (중간, 중간)보다도
파레트 우위다(6장 참고). 그리고 A와 B가 자신들의 장기적 이윤
을 높이려고 담합한다면 (소량, 소량)의 상황을 계속 끌고 갈 수

있다. 담합은 3장의 베르뜨랑 가격 경쟁에서도 이와 비슷한 이야기가 등장하므로 3장의 내용을 참고하기 바란다.

08

리스크와 보험

확실성과 불확실성

8장에서는 불확실한 상황에서 '조건부 재화'를 알아본다. 조건부 재화는 보험처럼 미래에 병에 걸렸을 때만 돈이 지급되는 것처럼 특정한 조건 아래서만 무언가가 이루어지는 재화를 말한다. 기대 효용 이론을 바탕으로 어떤 사람이 보험에 많은 돈을 쓰고, 또 보험은 어떻게 수익을 올리는지 살펴본다.

조건부 재화란

—

생명 보험에 가입할 때 가슴이 설레는 사람은 많지 않을 것
이다. 한눈에 들어온 옷이나 서점에서 잠깐 서서 재밌게 읽은 책
을 계산대로 가져갈 때, 혹은 자주 가는 음식점에서 맛있는 점심
메뉴를 주문할 때처럼 설레는 마음으로 생명 보험에 가입하는
사람이 얼마나 될까.

생명 보험은 자신이 죽으면 다른 사람이 돈을 받는 상품이
다. 가정의 생계를 유지하는 사람이 불의의 사고나 병으로 사망
할 때를 대비해 생명 보험에 많이 가입한다. 설레기에는 대비하
는 상황이 너무 심각하다.

하지만 생명 보험이 옷이나 책, 점심과 비슷하지 않은 이유

는 비단 설렘이 없기 때문만은 아니다. 생명 보험은 계약에서 정해진 기간 이내에 피보험자가 사망하면 지정된 수령인이 보험 회사에 보험금을 청구할 수 있는 상품이다. 반면 옷과 책, 점심은 미래에 일어날 '만일'의 상황에 건네받는 상품이 아니다.

미래에 피보험자가 사망한다는 '만일'의 조건이 성립하면 수령인은 보험회사에 소정의 금액을 청구할 수 있다. 이 조건이 성립하지 않으면 청구하지 못한다. 이렇게 미래에 특정한 조건이 성립할 때만 특정한 행위를 할 수 있는 재화를 **조건부 재화**라고 한다.

돈벌이나 투자에 관한 재화는 조건부 재화다. 예를 들어 복권은 인쇄된 번호가 상금의 당첨 번호가 되었을 때에만 상금과 교환할 수 있다. 경마의 마권이나 카지노의 룰렛에 건 칩도 마찬가지다. 주식이나 증권 같은 금융 상품은 거래 가격이 경제나 경영 상태에 따라 매일 변동되는 조건부 재화다.

비슷한 듯 다른 예로 미술품이 있다. 예를 들어 현대 미술 작품은 애호하거나 감상하는 데 그치지 않고 투자의 대상이 되기도 한다. 장래가 유망한 신진 작가의 작품을 구입하는 투자가에게 그 작품은 조건부 재화다. 미래에 작가의 평가가 높아진다는 조건이 성립할 때에만 더 비싸게 팔 수 있다.

당신은 복권에 얼마까지 쓸 수 있는가

—

복권을 예로 조건부 재화를 살펴보자. 지금 50퍼센트의 확률로 10만 원을 받을 수 있고, 50퍼센트의 확률로 0원을 받을 수 있는(바꿔 말해 꽝인) 복권을 팔고 있다. 당신은 이 복권 1장을 사는 데 얼마까지 낼 수 있는가? 복권은 사자마자 바로 결과를 알 수 있고, 당첨금도 즉시 준다고 가정한다.

나는 이 복권에 기껏해야 1만 원밖에 낼 마음이 없다. 일부러 복권을 사서 손해를 보는(혹은 볼지도 모르는) 것은 돈이 아깝다고 생각하기 때문이다. 1만 원이 넘으면 사지 않을 테고, 딱 1만 원이라면 사도 되고 안 사도 되며, 1만 원도 안 한다면 아마 살 것이다. 즉 나에게 확실한 1만 원과 반반의 확률로 10만 원이냐 0원이냐로 갈리는 불확실한 복권은 무차별하다.

이렇듯 불확실한 복권과 무차별한 확실한 금액을 복권의 **확실성 등가**라고 말한다. 확실성 등가의 개념은 사람이 리스크를 대하는 태도를 분류하는 데 편리하다.

1만 원이 확실성 등가라는 것은 나의 주관이 그렇다는 의미다. 이 복권에 5만 원까지 낼 수 있는 사람이나 땡전 한 푼도 낼 수 없다는 사람도 있을 것이다. 여기에 사람들이 리스크를 대하는 태도가 드러난다. 그렇다면 리스크에 대한 태도의 차이는 무엇에 대한 취향 차이에서 비롯되었을까? 이것을 '돈에서 얻는 효용'이라는 관점에서 접근해 보자.

지금 어떤 사람은 각각의 금액 m에 대하여 만족도의 지표인 수치 U(m)을 가지고 있다고 하자. 지금부터 표현을 간단하게 하기 위해 만족도의 지표인 수치 U(m)을 **효용**, U를 **효용함수**라고 부르기로 한다.

보통 금액이 늘어날수록 효용은 높아진다. 즉 m이 늘어나면 U(m)은 높아진다. 단 어느 정도로 높아질지는 사람마다 상당히 다르다. 일단은 이에 대한 예시로 〈그림 8-1〉의 효용함수를 보자. 이 효용함수는 돈이 늘어나면 효용은 늘어나지만, 늘어나는 양은 점차 줄어드는 **한계 효용 체감**의 형태를 띤다.

〈그림 8-1〉의 효용함수의 특징은 금액이 2배가 되어도 효용은 2배까지 늘지 않는다는 점이다. 예를 들어 만 원 단위로 수치를 표기하면 5만 원의 효용은 U(5)고, 10만 원의 효용은 U(10)이다. 그리고 효용이 2배라면 U(5)+U(5)가 돼야 하지만, 이 값은 금액이 2배가 되었을 때의 효용 U(10)보다 높다.

지금부터 살펴볼 기대 효용 이론에서는 '인간은 조건부 재화의 효용에 대해 평가할 때, 발생 확률로 가중 합산한 기

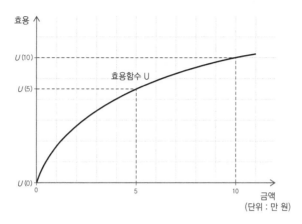

<그림 8-1> 돈에서 얻는 한계 효용이 체감하는 효용함수 U.
5만 원이 2배인 10만 원으로 늘어도 효용은 2배까지 늘지 않는다.

대 효용으로 평가한다'는 생각을 바탕으로 한다. 반반의 확률
로 10만 원 또는 0원을 얻을 수 있는 복권의 기대 효용은 0.5 ×
U(10)+0.5 ×U(0)이다. 이때 이 복권의 **기댓값**은 금액에 확률을
곱해 더한 5만 원이다(0.5 ×10만 원+0.5 ×0원=5만 원). 기대 효
용은 금액의 기댓값이 아니라 효용의 기댓값이다.

〈그림 8-2〉를 보면 U(3)=0.5 ×U(10)+0.5 ×U(0)임을 알
수 있다. 이것은 100퍼센트의 확률로 3만 원을 얻을 수 있는 복
권과 반반 확률로 10만 원 또는 0원을 받는 복권의 기대 효용이
같다는 사실을 의미한다. 100퍼센트 확률로 3만 원을 얻을 수 있

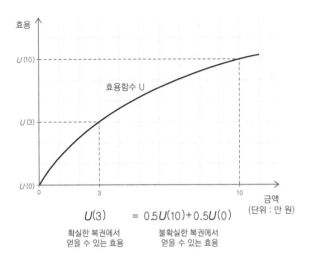

$$U(3) = 0.5U(10)+0.5U(0)$$

확실한 복권에서   불확실한 복권에서
얻을 수 있는 효용   얻을 수 있는 효용

〈그림 8-2〉 기대 효용과 확실성 등가. 반반의 확률로 10만 원
또는 0원이 되는 복권과 확실하게 3만 원을 얻을 수 있는 복권을
동등하게 선호한다. 이 복권에 대한 확실성 등가는 3만 원이다.
기대 효용은 리스크 회피적이다.

는 복권이란 다르게 표현하면 3만 원 그 자체다(3만 원에서 얻을
수 있는 효용이 기대 효용 그 자체). 따라서 이 사람은 복권의 가격
이 3만 원보다 비싸면 사지 않고, 싸면 살 것이다. 즉 3만 원이 확
실성 등가다.

  돈에서 얻는 한계 효용이 체감하는 개인은 복권에 당첨되지
않았을 때 손해가 크므로 소액이라도 확실하게 얻을 수 있는 돈
을 선호하기 때문에 확실성 등가가 기댓값보다 낮아진다. 이것

을 **리스크 회피적**이라고 말한다. 보험이라는 상품이 존재하는
이유는 많은 사람이 이렇게 리스크 회피적이기 때문이다.

리스크 애호와 리스크 중립
—

돈에서 얻는 한계 효용이 체증하는 사람은 복권이 당첨되었
을 때의 기쁨이 커 복권의 확실성 등가가 복권의 기댓값보다 높
아진다. 이것을 **리스크 애호적**이라고 말한다. 〈그림 8-3〉처럼
한계 효용이 체증하는 예라면 반반의 확률로 10만 원 또는 0원
을 받는 복권의 확실성 등가는 8만 원이다. 이 사람은 10만 원을
손에 넣을 때의 기쁨이 너무 커서 확률은 50퍼센트에 지나지 않
는데도 복권에 8만 원까지 돈을 쓸 수 있다.

돈에서 얻는 한계 효용이 일정한 사람은 복권의 확실성 등
가가 복권의 기댓값과 일치한다. 이것을 **리스크 중립적**이라고
한다. 〈그림 8-4〉의 예라면 반반의 확률로 10만 원이나 0원을
얻을 수 있는 복권의 확실성 등가는 기댓값과 같은 5만 원이다.

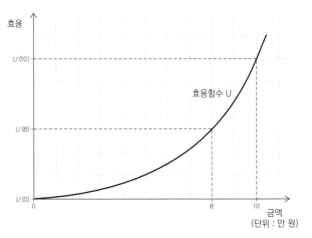

〈그림 8-3〉 돈에서 얻는 한계 효용이 체증하는 효용함수 U.
복권의 확실성 등가가 8만 원인 사례. 기대 효용은 리스크 애호적이다.

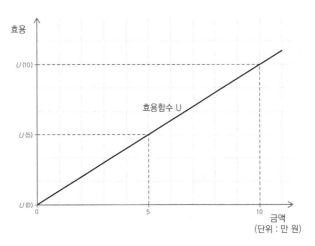

〈그림 8-4〉 돈에서 얻는 한계 효용이 일정한 효용함수 U.
복권의 확실성 등가가 5만 원인 사례. 기대 효용은 리스크 중립적이다.

보험회사와 리스크프리미엄

—

지금 월세 수입이 50퍼센트의 확률로 10만 원이 되고(상황
A), 50퍼센트의 확률로 0원이 되는(상황 B) 불확실한 상황에 놓
인 집주인이 있다고 하자. 집주인은 불확실성에 대비하려고 보
험회사의 문을 두드렸다. 집세의 대상인 건물은 조건부 재화라
는 면에서 보면 지금까지 다룬 복권과 같다. 집주인은 리스크 회
피적이고, 조건부 재화의 확실성 등가는 3만 원이라고 하자.

보험회사는 집주인에게 다음과 같은 보험을 제안한다. '만
일 집세 수입이 10만 원 들어오는 상황 A가 되면 당신은 저에게
7만 원을 주세요. 대신 집세 수입이 0원인 상황 B가 되었을 때
저는 당신에게 3만 원을 드리겠습니다.'

다시 말해 상황 A가 되든 상황 B가 되든 집주인의 수입은 3
만 원으로 보장하는 보험 제안이다. 집주인의 이 복권에 대한 확
실성 등가는 3만 원이므로 이 보험은 집주인에게 아슬아슬하게
허용 가능한 상품이다.

이 복권의 기댓값이 5만 원이었던 점을 다시 떠올려 보자
(0.5×10만 원+0.5×0원=5만 원). 기댓값과 확실성 등가의 차액을
리스크프리미엄이라고 한다. 이때 리스크프리미엄이란 기댓값

인 5만 원과 확실성 등가인 3만 원의 차액인 2만 원이다. 이 숫자가 보험회사가 집주인과 계약하는 단계에서 가상으로 벌어들이는 돈이다. 집주인 대신 리스크를 부담함으로써 발생하는 이익이다.

하지만 이것은 진짜 '이익'일까? 보험회사는 상황 A가 되면 7만 원을 받는 대신에 상황 B가 되면 3만 원을 잃게 된다. 즉 리스크프리미엄인 2만 원은 계약 단계에서 이익으로 확정 지을 수 없다.

그러나 지금 보험회사는 이 집주인과 같은 상황에 놓인 아주 많은 사람과 같은 내용의 보험을 계약하고 있다. 그리고 집주인을 포함한 이들 중에 어떤 사람은 상황 A, 다른 사람은 상황 B와 같이 각각 독립적으로 상황 A와 상황 B가 일어난다고 하자.

그렇게 되면 계약을 맺은 사람이 무수히 많아지고 상황 A인 사람이 약 50퍼센트, 상황 B인 사람이 약 50퍼센트가 된다. 이것은 아주 많은 사람이 동시에 주사위를 던졌을 때 각 숫자가 나오는 사람의 비율은 6분의 1에 가까워지는 것과 같다.

이야기를 좀 더 쉽게 하기 위해 계약자가 10만 명이라고 하자. 보험회사는 이 중 거의 5만 명으로부터 7만 원을 받고, 나머지 약 5만 명에게 3만 원을 주게 된다. 상황 A인 1명으로부터 7

만 원을 받아 그중 4만 원을 빼놓고 상황 B인 1명에게 3만 원을 주는 셈이다.

중간에 빼놓은 총액은 4만 원이 거의 5만 건이므로 약 20억 원에 이른다. 이 금액을 계약자 수인 10만 명으로 나누면 약 2만 원이다. 이 값은 리스크프리미엄의 금액과 거의 같다. 즉 보험회사는 아주 많은 사람과 같은 내용의 계약을 맺음으로써 전체의 리스크를 낮추어(**헤지**하여) 극히 높은 확률로 수익을 올린다.

보험 가입자로 보는 역선택

—

할리우드 배우 안젤리나 졸리는 유전자 검사를 통해 BRCA1이라는 유전자에 이상이 있음을 발견했다. 의사의 말에 따르면 이대로라면 87퍼센트의 확률로 유방암이 발병하고 50퍼센트의 확률로 난소암에 걸린다고 한다. 어머니, 할머니, 이모가 이런 종류의 암으로 일찍이 세상을 떠나는 것을 지켜본 졸리는 자신이 암에 걸리기 전에 미리 유방과 난소, 난관을 절제하는 수술을 받았다(Angelina Jolie Pitt "Diary of a Surgery" The New York Times, March 24, 2015).

사람에 따라 특정한 질병에 걸릴 확률은 다르다. 특정한 질병에 걸리기 쉬운 높은 위험군에 속한 사람과 잘 걸리지 않는 낮은 위험군에 속한 사람이 있다고 하자. 각자는 자신이 고위험군인지 저위험군인지 알고 있지만, 보험회사는 이 사실을 알 수 없다. 즉 리스크의 유형을 두고 보험 가입자와 보험회사 사이에 **정보의 비대칭성**이 있다.

보험회사가 이 질병에 대한 보험을 판매한다고 생각해 보자. 보험회사는 누가 고위험군이고 누가 저위험군인지 알 수 없다. 따라서 사람들에게 일률적인 가격으로 보험을 판매한다.

이런 상황에서는 대체로 고위험군일수록 보험에 많이 가입한다. 시간이 흐름에 따라 고위험자는 높은 확률로 발병하고, 이 사실을 깨달은 보험회사는 보험료를 올린다. 이 때문에 저위험군인 사람은 보험에 가입하지 않게 되고 이로 인해 보험 가입자 중 고위험자의 비율이 높아진다. 이런 상황을 **역선택**이라 한다.

역선택을 해소하는 단순한 방법은 개개인의 리스크와 무관하게 모두 강제로 보험에 가입시키는 것이다. 이게 바로 국민건강보험제도가 하는 일이다. 국민건강보험제도는 다양한 사람의 리스크를 사회 전체가 헤지하는 시스템으로 리스크의 사회화라고 말할 수 있다.

또 하나, 역선택을 해소하는 방법은 보험회사가 계약자에게 정보 공개를 요구하는 것이다. 예를 들면 가입 심사 때, 유전자 검사 결과를 제출하도록 요구하면 된다. 고위험군인 사람은 가입을 거절하거나 고액의 보험료를 매긴다. 반대로 저위험군인 사람은 가입하지 않거나 낮은 금액의 보험료를 낸다. 리스크의 개인화라고 말할 수 있다.

현시점에서는 유전자 검사가 그다지 보급되지 않아서 보험 가입 신청 시에 유전자 검사 결과를 요구하는 경우는 거의 없다. 다만 현시점에서도 병력이 있는 사람은 민간 보험 가입이 거절당하기도 한다. 앞으로 유전자 검사가 보급된다면 특정한 유전자에 이상이 있는 사람이 민간 보험 가입에 거절당하더라도 이상한 일이 아니게 될 것이다.

사람들은 자신의 유전자를 스스로 선택해 태어나는 것이 아니므로 유전자 때문에 보험 가입을 거절당하는 것은 꽤 잔혹한 일처럼 보인다. 하지만 민간 보험회사가 이윤 추구를 위해 고위험군을 제외하는 행위가 부당하다고 말할 수 있을까. 이것은 보험 윤리에 관한 어려운 문제다. 이런 문제가 존재하기 때문에 유전자에 상관없이 모두를 강제로 가입시키는 공적 보험 제도에 의의가 있는 것이다.

09

공공재

왜 모두에게 소중한 것은 항상 부족한가

지금까지는 재화를 물이나 식료품처럼 소유자가 혼자서 소비하는 상황을 가정했다(다른 사람에게 재화를 줄 수는 있지만, 받은 사람만 소비한다). 이러한 재화를 '사적 재'라고 하는데, 9장에서는 사적재가 아닌 유형의 재화를 살펴본다. 모두 공동으로 이용할 수 있을 뿐 아니라 재화를 만들어내는 데 이바지하지 않고도 이용할 수 있는 '공 공재'는 사람들의 자발적 공급에 맡겨서는 충분한 양이 공급되지 않는다.

재화의 네 가지 분류

—

꽤 오랫동안 경제학을 공부하며 가끔 느끼는 바지만, 태양은 정말이지 위대하다. 아무리 심각한 고민이 있어도 맑게 갠 날에 바닷가나 강가, 들판으로 놀러 나가면 여러 가지 고민이 아무렇지 않게 느껴진다. 마감이 코앞이더라도 '뭐 어떻게든 되겠지. 진짜 화내기 전까지는 내버려 둬야지. 나한테 일을 부탁한 사람이 나쁘지' 하는 생각이 든다. 태양 아래서 몸을 움직이면 행복을 느끼게 하는 뇌 속 신경 물질이 활발하게 흐르는 게 틀림없다. 고민할 일 따위 없는, 기껏해야 고민 중인 뇌가 있을 뿐이라면 그 상태를 물리적으로 바꾸면 된다.

감상에 젖은 개인적인 이야기는 이쯤에서 그만하고 슬슬 경제학 이야기로 돌아가자.

인간은 식물과 달리 광합성을 할 수 없다. 다시 말해 살기 위해서는 물이나 음식이 필요하다. 그렇다면 태양이라는 재화는 물이나 음식과 같은 재화와 소비 면에서 어떤 점이 다르다고 할 수 있을까? 물과 음식은 충족하지만 태양은 충족하지 않는 두 가지 성질을 들어보자. 그리고 이 성질에 따라 다양한 재화를 분류해보자.

- [경쟁적] 여러 사람이 동시에 이용할 수 없다.
- [배제적] 만들어내는 데 이바지한 특정한 사람만 이용할 수 있다.

물이나 음식은 경쟁적이다. 내가 마시는 물도, 먹는 음식도 다른 사람은 마시거나 먹지 못한다. 그리고 물과 음식은 배제적이다. 내가 소유한 물과 음식은 나와 내가 허락한 사람만 먹거나 마실 수 있다.

하지만 태양은 경쟁적이지도 배제적이지도 않다. 내가 햇볕을 쬘 때 다른 사람도 동시에 쬘 수 있다. 그리고 누구나 태양의 은혜를 받을 수 있다. 세금을 내지 않아도, 가입비를 내지 않아도 따스한 햇볕을 쬘 수 있다.

태양은 마음이 넓은 존재처럼 우리 곁에 존재하며, 태양을 만든 사람도 없거니와 제작 비용을 냈다는 사람도 없다. 하지만 보통 경쟁적이지도 않고 배제적이지도 않은, 이른바 언제나 누구나 은혜를 받을 수 있는 재화는 자연 발생적으로 탄생한 것이 아니다. 대부분 누군가가 공급한다.

경쟁적이고 배제적인 재화를 **사적재**라고 한다. 굳이 언급하지 않았지만 지금까지는 시장을 관찰할 때 재화가 사적재인 상황을 가정해 왔다. 이 장에서는 사적재와 대조적인 재화로 경쟁적이지도 배제적이지도 않은 **공공재**에 대해서 살펴보려고 한다. 일단은 공공재의 예를 몇 개 들어보자.

[공공재의 예]

• 국방 서비스 : 침략해 오는 적으로부터 나라를 지킬 때, 그 나라의 국민은 동시에 국방의 이익을 얻는다(비경쟁적). 또 세금을 내지 않은 사람도 그 이익을 누릴 수 있다(비배제적).

• 일반 도로 : 차량이 정체될 만큼 사람이 몰리지 않는다면 모두 동시에 이용할 수 있다(비경쟁적). 또 세금을 내지 않은 사람도 도로를 이용하는 데는 제한이 없다(비배제적).

재화가 배제적이지 않다는 데는 몇 가지 형태의 유형이 있다. 물리적으로 배제할 수 없거나 사회적으로 해서는 안 되거나 경제적으로 불가능한 상황 등이다.

국방 서비스를 예로 들면, 세금을 내지 않은 사람도 서비스의 이익을 누리는 것을 물리적으로 배제할 수 없고, 또 '신체의 안전'은 기본적인 인권이므로 사회적으로 배제해서는 안 된다.

일반 도로의 경우 세금을 내지 않은 사람도 '이동의 자유'는 기본적인 인권이기에 사회적으로 배제해서는 안 된다. 또 세금을 내지 않은 사람이 일반 도로를 이용하는 행위를 제한하려면 감시 카메라나 방지문 설치 등 높은 비용이 들기 때문에 배제는 경제적이지 않다.

비경쟁적이지만 배제적인 **클럽재**의 예로는 고속도로가 있다. 고속도로는 정체가 일어날 정도로 이용자가 많지 않을 때에는 모두 동시에 이용할 수 있다(비경쟁적). 한편 이용 요금을 내지 않은 사람은 이용할 수 없다(배제적). 고속도로 서비스를 유료로 하는 이유는, 이 서비스는 이동의 자유가 보장하는 범위를 넘어서므로 인권을 침해하지 않는다는 사고방식 때문이다.

경쟁적이지만 비배제적인 **공유자원**의 예로는 어장이 있다. 어장은 어느 어부가 물고기를 잡을지 경쟁하는 장소다(경쟁적).

그러나 어업권 면허를 가지면 물고기를 얼마나 잡을지는 제한 받지 않는다(비배제적). 그러므로 어획량을 조정하지 않으면 남획으로 인해 해양자원이 고갈될 수 있다.

〈표 9-1〉은 이러한 네 가지 재화의 분류를 정리한 표다.

	경쟁적	비경쟁적
배제적	사유재	클럽재
비배제적	공유자원	공공재

〈표 9-1〉 재화의 네 가지 분류.

공공재는 자발적으로 공급될 수 있을까

—

이번에는 공공재의 자발적 공급 문제를 생각해 보자. 배제적이지도 경쟁적이지도 않은 재화가 사람들의 자발적 행동을 통해 충분히 공급될 수 있을까. 이러한 공급 문제를 단적으로 나타내는 다음 상황을 떠올려 보자.

여기 개인 A와 B가 있다. A는 자신의 돈을 공공재에 '기부한다', '기부하지 않는다' 중 하나를 선택한다. B도 A와 마찬가지로 둘 중 하나를 선택한다.

A와 B는 공공재에 돈을 기부해도, 하지 않아도(비배제적), 동시에 이용할 수 있다(비경쟁적). 자신이 기부한 공공재가 자신뿐만 아니라 다른 사람도 이롭게 한다. 다시 말해 자신이 기부하지 않아도 상대방이 기부함으로써 발생하는 이익에 **무임승차**할 수 있다. 그러나 A와 B가 모두 무임승차를 하려고 하면 공공재는 전혀 공급되지 않을 것이다.

〈표 9-2〉의 이득표가 나타내는 상황을 보자. 이 그림에 있는 4개의 칸은 각각 일어날 수 있는 네 가지 경우를 가리킨다. 네 가지 경우란, (1) A와 B 모두 기부한다, (2) A만 기부한다, (3) B만 기부한다, (4) A와 B 모두 기부하지 않는다를 말한다. 각 칸에 있는 숫자는 왼쪽이 A, 오른쪽이 B의 이득을 나타낸다. 이득표의 숫자 계산에 관심이 있는 독자는 옆의 설명문을 참고하기 바란다.

A \ B	기부한다	기부하지 않는다
기부한다	4, 4	2, 5
기부하지 않는다	5, 2	3, 3

〈그림 9-2〉 이득표.

이득표의 숫자는 다음 이야기를 바탕으로 계산한 값이다. 우선 A와 B는 각각 사유재를 3개 가지고 있다. A와 B에게는 자신의 사유재 3개를 모두 기부하거나 기부하지 않는 두 가지 선택지밖에 없다. A와 B가 기부한 사유재의 합을 2/3배한 것이 공공재다. 다시 말해 사유재 3개는 공공재 2개로 교환할 수 있다. 각자의 이득은 자신에게 남은 사유재와 공공재의 합이다.

· 아무도 기부하지 않을 경우. 공공재의 양은 0을 2/3배 한 0이다. A의 이득은 사유재 3과 공공재 0을 합한 3이다. B도 마찬가지다.
· A만 기부하는 경우(B만 기부하는 경우도 같다). 공공재의 양은 3을 2/3배 한 2다. A의 이득은 사유재 0과 공공재 2를 더한 2다. B의 이득은 B의 사유재 3과 공공재 2를 합한 5다.
· A와 B 모두 기부하는 경우. 공공재의 양은 6을 2/3배한 4다. A의 이득은 사유재 0과 공공재 4를 더한 4다. B도 마찬가지다.

이 상황에서 A는 '기부한다'와 '기부하지 않는다' 중 어느 쪽을 선택할까 만일 B가 기부한다면 A는 기부하지 않는 편이 이득이다(5는 4보다 크니까). 만일 B가 기부하지 않는다고 하더라도 A는 기부하지 않는 편이 이득이다(3은 2보다 크니까). 따라서 B가 기부하든 하지 않든 A는 기부하지 않는 편이 이득이다.

이때 '기부하지 않는다' 같이 상대방이 어떤 선택을 하든 자신에게 가장 이득인 선택지가 똑같을 때, 이 선택지를 **지배전략**이라고 한다. A에게는 '기부하지 않는다'가 지배전략이다. 그리고 B도 마찬가지다. 다시 말해 A가 기부하든 하지 않든 B도 기부하지 않는 것이 이득이자 지배전략이다.

A와 B가 각각 지배전략을 선택하는 'A는 기부하지 않고 B는 기부하지 않는다'의 상태를 **지배전략균형**이라고 한다. 지배전략균형에서 A의 이득은 3이고 B의 이득도 3이다. 그렇다고 이 균형이 두 사람에게 바람직한 상태는 아니다. 'A는 기부하고 B는 기부한다'에서는 A의 이득은 4고 B의 이득도 4다. 다시 말해 두 사람 모두 기부하지 않으면 각자의 이득은 3에 그치지만, 두 사람 모두 기부하면 이득이 4로 오른다.

만일 모두 기부하지 않는 상태에서 모두 기부하는 상태로 바꿀 수 있다면 서로 이득은 3에서 4로 오른다. 즉 파레트 우위인 상태로 옮겨가는 것이다. 그러나 공공재의 공급을 개개인의 자발적인 공급에 맡겨서는 파레트 열위의 결과를 낳고 만다. 따라서 정부가 강제로 과세하여 세금을 재원으로 해서 공공재를 공급하는 수밖에 없다.

다만 정부가 누구에게 얼마의 세금을 부과하여 어느 정도의 양으로 공공재를 적절하게 정할지는 다른 차원의 문제다. 내버려 두어서 잘되지 않는 일이 정부에 맡긴다고 잘된다는 보장은 없다. 이런 일이 어떤 사회적 시스템에서 잘 기능하는지는 게임 이론을 제도 설계에 활용하는 **메커니즘 디자인**이라는 전문 분야에서 다룬다.

10

재분배

격차와 빈곤을 어떻게 측정하는가

시장은 사회 전체의 부를 늘리는 기능을 하는 강력한 제도다. 대표적인 사례로 완전 시장에서 사회적 잉여가 최대화하는 현상을 들 수 있다. 하지만 시장에 세로 방향으로 부를 늘리는 기능은 있어도 가로 방향으로 넓히는 기능은 없다. 팔 물건이 없는 사람은 아무것도 살 수 없고, 어려운 상황에 놓인 사람을 돕는 사회적 안전망도 자체적으로 갖추기 어렵다. 10장에서는 부가 가로 방향으로 얼마나 퍼져있는지 측정하기 위한 격차와 빈부의 지표를 알아본다.

소득의 재분배는 어떻게 정당화할 수 있을까

—

나는 돈이 좋다.

돈이 있으면 편안한 생활을 누릴 수 있고 고통을 줄일 수도 있다. 행복을 파는 곳은 어디에도 없지만, 돈이 있으면 돈이 없어서 일어나는 불행은 겪지 않아도 된다. 스스로의 인생을 통째로 살 수 있을 만큼 돈이 있었으면 좋겠다고 생각하지만, 현실은 그것과 거리가 멀다.

그래서 매일 일한다. 일하면 돈을 받을 수 있으니까(대체로 그렇다). 나는 상대방에게 노동을 공급하고 상대방은 나에게 돈을 준다. 이 교환 거래를 나는 스스로 결정했고, 상대방도 분명 그러할 것이다. 둘 다 누군가에게 강요받지 않았고 자발적으로 나선 것이니 부당한 부분은 없어 보인다. 소유권론은 이러한 자발성이 교환에 정당성을 부여한다고 주장한다.

하지만 '내가 받은 노동의 대가가 정말 내 것이어야 하는가?'라는 질문에는 쉽게 대답할 수 없다. 물론 내 딴에는 꽤 노력했다고 생각하지만 그렇게 할 수 있었던 것은 지금까지 어쩌다가 운 좋게 높은 수준의 교육을 받거나 장학금을 받은 덕분이 아닐까. 즉 대가의 일부, 혹은 대부분은 행운이 가져다준 선물이 아닐까. 그렇다면 행운으로 인한 결과는 내 것이어야 하는가. 내 것이라고 해도 문제는 없지만, 그것이 공정한지 아닌지는 다른 문제다.

한발 더 나아가면 '노력에 걸맞은 대가'라는 것도 노력할 재능을 운 좋게 얻은 것에 지나지 않는다. 그렇다면 이 대가는 노력한 사람이 점유해야 마땅한게 맞을까. 이런 문제를 하나하나 생각하다 보면 한도 끝도 없지만, 끝이 없다는 말이 옳고 그름을 따질 필요가 없다는 의미는 아니다.

또 자발적인 교환으로 일어난 모든 '자발적인 교환'이 언제나 진정으로 자발적이라고는 말할 수 없다. 열악한 환경에서 자라 일할 수 있는 나이까지 어떻게든 버티며 살았지만, 악조건에서 일할 수밖에 없는 사람이 있다. 그런 사람에게 자발적으로 선택한 일 아니냐고 말하기에는 그에게 그만큼의 '선택의 자유'가 있지는 않았을 것이다.

행운으로 돈을 얻는 사람에게서 불행으로 돈이 없는 사람에게 돈을 이전하는 행위는 행운의 주사위가 던져지기 전에는 동일했던 두 사람의 불평등을 바로잡는다는 의미에서 공정하다. 이러한 생각은 소득을 재분배하는 제도를 공정이라는 관점에서 정당화하는 하나의 이론이다.

다른 방향의 정당화도 있는데, 보험으로서의 정당화다. 인생은 한 치 앞도 알 수 없기에 누구나 병에 걸리거나 사고를 당하거나 재해로 인해 피해를 볼 수 있다. 그럴 때 돈이 없어서 곤란해지는 사태를 피하기 위해서는 가령 기초생활보장처럼 소득을 재분배하는 제도가 있어야 하며, 이런 제도가 있는 편이 이득이다. 이러한 사고방식은 소득의 재분배를 보험처럼 지지하는 것으로, 이해득실의 관점에서 본 정당화다.

다만 이해득실에 따른 정당화는 소득 재분배의 근거로 충분하지 않다. 부자인 사람은 병에 걸리거나 사고를 당하거나 재해 피해를 입어도 자비로 손실을 충당할 수 있기 때문이다. 즉 소득 재분배는 '모두가 이득'인 것은 아니다. 이해득실에 따른 정당화는 재분배의 유력한 자원인 부자를 끌어들일 수 있는 정당화가 아니다. 다만 '공정에 관해서는 관심이 없지만, 자신은 이득을 보므로 재분배를 지지하는 사람'은 설득할 수 있다. 소득 재분배를 정당화하는 근거는 공정에 따른 정당화와 이해득실에 따른 정당화라는 두 날개로 이루어져 있다.

불평등을 측정하는 지니 계수

—

재분배 문제를 살펴볼 때 소득 분포가 어느 정도로 불평등한지를 측정하는 지표가 있으면 편리하다. 지표가 있으면 불평등한 상태를 객관적으로 파악할 수 있어서 어떤 방식의 재분배가 바람직한지 비교하기가 쉽다. 이러한 지표의 예로 **지니 계수**가 있다. 매우 자주 쓰이는 지표로 언론에도 자주 등장한다. 지금부터 간단한 예를 통해 지니 계수에 대해 살펴보자.

A, B, C라는 사람이 있다. A의 소득은 1, B의 소득은 3, C의 소득은 6이라고 하자. 즉 A, B, C의 소득 분포는 (1, 3, 6)이다. 지니 계수는 이들 사이의 소득 차를 모두 더한 후, 합계가 0부터 1 사이에 들어가도록 기준화해서 구한다.

이 계산 과정은 주로 2단계로 이루어지는데, 자세한 내용은 다음 설명을 참고하면 된다.

소득 분포 (1, 3, 6)의 지니 계수 계산

[1단계]

· [A의 소득] A와 A의 소득 차이는 당연히 없으므로 0이고, A와 B의 소득 차는 3-1=2이며, A와 C의 소득 차는 6-1=5다. 따라서 A의 소득 차 합계는 7이다.

· [B의 소득] B를 A와 같은 방법으로 계산하면 B의 소득 차 합계 는 5다.

· [C의 소득] C를 A와 같은 방법으로 계산하면 C의 소득 차 합 계는 8이다.

· [소득 차 합계] 각자의 소득 차 합계를 모두 더하면 7+5+8=20 이다. 20은 이 집단의 격차 합계를 나타낸다.

[2단계]

· [기준화] 수치를 0부터 1 사이에 넣고자 한다. 인구 3명에 총소 득 10을 곱하고, 다시 2를 곱하면 60이 된다. 이 사례 외에도 소득 차의 합계를 (인구×총소득×2)로 나누면 반드시 그 값은 0 이상 1 이하의 값이 된다.

· [지니 계수의 도출] 소득 차 합계 20을 기준화하기 위한 수치 인 60으로 나눈 20/60=0.33이 지니 계수다.

〈표 10-1〉 지니 계수의 계산 과정.

소득 분포 (1, 3, 6)의 지니 계수를 계산하면 그 값은 0.33이다.

A, B, C의 소득 분포가 (1, 3, 6)일 때 부자인 C에서 가난한 A로 소득을 1만큼 이전하면 소득 분포는 (2, 3, 5)가 된다. 이때 지니 계수는 0.2로 내려간다. C에서 A로 소득 이전을 하더라도 C가 A 이상으로 부유하다는 사실에는 변함이 없다. 이렇듯 부유한 사람에게서 가난한 사람으로 소득을 이전하지만, 두 사람의 빈부를 역전시키지 않는 것을 **피구-달톤 이전**이라고 한다. 피구-달톤 이전이 일어났을 때 지니 계수는 내려간다.

피구-달톤 이전을 계속하면 소득 분포는 결국 모두 같은 소득을 가지는 **완전 평등 분포**에 이르는데, 이때 지니 계수는 0이 된다. 반대로 1명만 이 세상의 소득을 혼자서 차지하는 **완전 불평등 분포**에서는 지니 계수가 1(에 가까운 값)이 된다.

지니 계수는 상대적인 소득 불평등을 측정하는 지표일 뿐, 부의 증가를 평가하지는 못한다. 이에 관해 두 가지 예를 들어 살펴보자.

[예 1] 소득 분포 X=(1, 3, 6)과 Y=(1조, 3조, 6조)를 비교해 보자. 둘 다 지니 계수는 0.33이다. 즉 모두의 소득이 1조 배가 되

어도 지니 계수는 변하지 않는다.

[예 2] 소득 분포 X=(1, 3, 6)과 Z=(1, 3, 7)을 비교해 보자. 소득 분포가 X에서 Z로 변하면서 A와 B의 소득은 변하지 않고 C의 소득만 1만큼 올랐다. 9장에서 사용한 용어를 쓰자면 아무도 손해를 보지 않고 모두가 이득을 보는 것을 **파레트 개선**이라고 한다. X에서 Z로의 변화는 파레트 개선이다. 파레트 개선은 좋은 것처럼 보이지만 이 파레트 개선은 세 명 중 가장 부유한 C가 더욱 부를 쌓는 것이므로 지니 계수는 올라간다.

누적 소득 분포로 지니 계수 보충하기

—

지니 계수에 관하여 몇 가지 보충할 내용이 있다. 소득 분포 (1, 3, 6)에서 **누적 소득 분포**는 소득을 낮은 쪽부터 한 사람씩 더해서 얻은 (1, 1+3, 1+3+6)=(1, 4, 10)을 말한다. 계수를 0부터 1 사이의 값으로 기준화하기 위해서 누적 소득 분포를 총소득인 10으로 나누면 (0.1, 0.4, 1)이 된다. 이 값을 보면 '하위 1/3에 속하는 사람이 총소득 중 0.1의 비율'을, '하위 2/3에 속하는 사람이 총소득 중 0.4의 비율'을 가졌다는 사실을 알 수 있다.

그렇다면 누구나 같은 소득을 가지는 완전히 평등한 소득 분포에서는 '하위 1/3에 속하는 사람이 총소득 중 1/3의 비율'을, '하위 2/3에 속하는 사람이 총소득 중 2/3의 비율'을 가지게 된다. 그리고 지니 계수는 사람 수가 많을 때, '실제의 (기준화된) 누적 소득 분포'와 '완전 평등할 때의 (기준화된) 누적 소득 분포'와의 차이가 〈그림 10-1〉처럼 나타난다.

이 사실을 증명하기란 복잡하므로 이 책에서는 다루지 않는다. 하지만 덧셈과 나눗셈으로 정의한 지니 계수는 이렇게 그림으로 나타낼 수 있는 개념임을 아는 것이 중요하다. 신문이나 잡지에서는 보통 지니 계수를 그림으로 설명하기 때문이다. 그 이유는 아주 단순한데, 신문이나 잡지에서는 덧셈과 나눗셈을 이용해서 지니 계수를 설명하는 방식이 환영받지 못하기 때문이다. 그러나 지니 계수를 계산하고 또 여러 성질을 이해하는 데는 덧셈과 나눗셈을 이용하는 쪽이 편리하다.

한 마디 덧붙이자면 사람 수가 n명일 때 가장 불평등한 '한 사람이 총소득을 독점하는' 완전 불평등한 소득 분포, 예를 들면 n=3일 때 (0, 0, 1)의 지니 계수는 $1-(1/n)$이다. 그리고 지니 계수를 실제로 계산할 때는 사람 수 n은 몇천, 몇만 명과 같이 큰

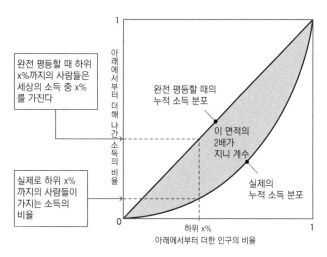

완전 평등할 때 하위 x%까지의 사람들은 세상의 소득 중 x%를 가진다

아래에서부터 더해 나간 소득의 비율

완전 평등할 때의 누적 소득 분포

이 면적의 2배가 지니 계수

실제로 하위 x% 까지의 사람들이 가지는 소득의 비율

실제의 누적 소득 분포

하위 x%
아래에서부터 더한 인구의 비율

〈그림 10-1〉 지니 계수.

값이 되므로 1/n의 항은 보통 무시하고 설명한다. 그래서 보통은 '완전 불평등한 소득 분포에서 지니 계수는 1'이라고 설명하는 것이다.

OECD(경제협력개발기구)의 조사에 따르면 2014년 일본의 지니 계수는 0.33이었는데, 이 값은 OECD 회원국의 평균보다 높은 수치였다(재분배 후의 값). 참고로 일본보다 지니 계수가 높은 나라는 미국으로 약 0.39였고, 낮은 나라는 한국으로 지니 계수가 약 0.3이었다.

절대적 빈곤과 상대적 빈곤

—

격차 이야기는 이 정도로 하고 이번에는 빈곤으로 넘어가자. 우선 빈곤은 크게 **절대적 빈곤**과 **상대적 빈곤**이 있다. 절대적 빈곤은 생명을 유지하기 위해 필요한 것이 부족한 상태를 가리킨다. 세계은행은 빈곤 최저선을 '하루에 1.25달러'로 규정했는데, 이 값이 절대적 빈곤을 말하는 기준 가운데 하나다.

상대적 빈곤은 주변과 비교해 현저하게 생활수준이 떨어지는 빈곤을 말한다. 가령 학교에서 혼자서 낡고 해진 옷을 입고, 가족 여행을 가 본 적이 없으며, 크리스마스에 선물을 받은 적이 없는 아이가 상대적 빈곤 상태라고 할 수 있다. 절대적 빈곤과 비교하면 상대적 빈곤은 '살아갈 수 있으니까 그걸로 된 것 아니냐' 하고 가볍게 보는 시선이 많지만, 상대적 빈곤에 처하면 사회에서 비참한 생활을 하고 존엄을 유지하기 어려우며 다른 사람과 교류하기 어렵다.

상대적 빈곤의 최저선은 OECD의 기준에 따라 소득 분포의 중간인 50퍼센트로 규정하는 경우가 많다.

여기서 중간 50퍼센트란 무엇인지 수치를 예로 들어 살펴보자. 지금 7명의 소득 분포가 낮은 순서대로 (1, 1, 2, 3, 4, 6, 7)이라고 하자. 여기서 중간이란 7명 중에서 4번째로 낮은(=4번째로 높은) 소득인데, 여기서는 3이다. 그리고 3의 50퍼센트는 1.5다. 이 값이 상대적 빈곤의 최저선이다. 이 최저선에 미치지 못하는 사람은 소득이 1인 2명이다. 전체 인구 중에 상대적 빈곤의 최저 선 미만인 사람이 차지하는 비율을 상대적 빈곤율이라고 한다. 이 사례에서 상대적 빈곤율은 2/7=약 0.29다. 즉 29퍼센트의 사람이 상대적 빈곤 상태에 있다는 계산이 나온다.

실제로 일본 후생노동성의 '국민생활기초조사'에 따르면 2012년 일본의 상대적 빈곤율은 16.1퍼센트였다.[1]

시장, 격차와 빈곤

—

다시 한 번 지금까지 배운 시장을 돌이켜 보자. '시장'이라는 한 단어로 표현했지만, 그 속에는 다양한 유형의 시장이 있다. 이 책에서 다룬 것만 하더라도 완전 시장, 독점 시장, 베르뜨랑 과점 시장, 꾸르노 과점 시장 등이 있다.

---

1   한편 한국 통계청의 '2016년 소득분배지표'에 따르면 2016년 한국의 상대적 빈곤율은 14.7퍼센트였는데, 전년도와 비교하면 0.9퍼센트 증가했다.

전체적인 경향을 보면 시장에서는 경쟁 압박이 많아질수록 사회적 잉여가 올라간다. 사회적 잉여가 최대화되는 게 완전 시장이다. 아무도 가격에 영향력을 미치지 못하고 모두가 가격수용자다.

하지만 경쟁하는 과정에서 노동자의 몸과 마음이 크게 다치거나 다른 사람에게 돌이킬 수 없는 공해 피해를 입히는 일이 실제로 자주 일어난다. 이러한 회복 불가능한 피해는 사회적 잉여가 아무리 높아진들 피해자에게 충분히 보상할 수 없다.

또 시장에 따라서는 뛰어난 사람이 반드시 이긴다고 볼 수 없다. 네트워크 외부성이 강한 시장에서는 서비스의 질이 떨어져도 '사용자가 사용자를 부르는' 상황으로 시장을 먼저 끌고 가는 쪽이 승리를 거머쥐기 때문이다.

어떤 시장이든 경쟁에서는 승자와 패자가, 때로는 경쟁에 따른 피해자가 생기기 마련이다. 당연히 본디 가진 것이 적은 사람은 처음부터 교환하는 데 불리하다. 시장이라는 제도를 사용하는 이상, 격차가 발생하는 것은 피하기 어렵다. 격차를 일체 배제하는 완전 평등한 사회에는 경쟁이라는 활력이 생기지 않겠지만, 그렇다고 해서 격차를 완전히 방치하는 것도 바람직하지 않다.

그리고 빈곤 박멸은 완전 평등을 향해 나아가는 것이 아니다. 소득 분포에 격차가 넓어야만 빈곤을 없앨 수 있다. 빈곤 박멸이란 사회적으로 허용해서는 안 될 낮은 생활수준에 있는 사람을 일정한 수준까지 끌어올리는 일이기 때문이다.

지금 소득이 상대적 빈곤의 최저선보다 낮은 사람을 빈곤하다고 하자. 앞서 말했듯이 7명의 소득 분포가 (1, 1, 2, 3, 4, 6, 7)일 때, 소득이 상대적 빈곤의 최저선인 1.5보다 낮은 사람, 즉 빈곤한 사람은 소득이 1인 2명이다. 그러나 빈곤층에 재분배함으로써 7명의 소득 분포가 (2, 2, 2, 3, 4, 5, 6)이 된다면 누구나 상대적 빈곤의 최저선인 1.5보다 높은 소득을 얻게 되어 빈곤은 사라진다.

물론 소득만으로 생활수준을 모두 잴 수는 없다. 예를 들어 소득이 같더라도 병간호 같은 보살핌이 필요한 사람이 그렇지 않은 사람보다 생활하는 데 더 많은 돈이 든다. 하지만 소득은 살림살이를 대략으로나마 가늠하게 해주는 중요한 변수다.

이상으로 이 책의 본문은 끝이다. '입문의 입문'으로써 미시경제학의 대략적인 기본 내용은 모두 설명했다. 마지막 장에서는 경제학뿐만 아니라 더 넓은 사회과학의 여러 분야와도 관련

된 문제도 언급했다. 물론 여기서 다룬 내용은 하나의 입구일 뿐
이다. 이 책을 통해 현명한 독자 여러분이 경제학과 사회과학에
대한 관심을 높이는 계기가 되었기를 바란다.

독서 안내

여기서는 미시경제학이나 관련 주제를 더 공부하고자 하는 독자에게 유용한 책을 소개하려고 한다. 일단 미시경제학의 초급 교과서로 핫타 다쓰오, 『미시경제학 Expressway』(도요경제신문사, 2013, 국내미출간)를, 중급 수준의 교과서로 간도리 미치히로, 『미시경제학의 힘』(일본평론사, 2014, 국내미출간)을 추천한다. 중급 이상의 미시경제학을 배우는 데는 약간의 수학 지식이 필요한데, 이에 관해서는 7장에서 예로 들었던 오야마 다이스케, 야스다 유스케 편저, 『경제학에 나오는 수학(개정판)―고등학교 수학부터 확실하게 공략한다』(일본평론사, 2013, 국내미출간)가 훌륭하다. 게임 이론의 입문 교과서로는 와타나베 다카히로, 『세미나 게임 이론 입문』(일본경제신문출판사, 2008, 국내미출간)이 내용을 포괄적으로 다루고 있으며, 사회과학을 공부하는 학생이 읽기 쉽게 쓰였다. 현실 제도를 설계하는 데 게임 이론을 활용하는 것은 현재 큰 주목을 받는 분야로 이와 관련해서는 사카이 도요타카, 『마켓 디자인—최첨단의 실용적인 경제학』(지쿠마신서, 2013, 국내미출간), 앨빈 E. 로스, 『매칭』(알키, 2016)이 구체적으로 다루었다.

2장에서 다룬 현물 급여의 우수성을 설명하는 재정학 관련 책으로 이데 에이사쿠, 『일본 재정—전환의 지침』(이와나미신서, 2013, 국내미출간)이 있다. 이 책은 미시경제학의 접근법으로는 파악하기 어려운 인간의 사회관을 섞어 재정을 논한 책으로 이 책과 함께 읽기를 권한다. 사회보장을 다룬 경제학 교과서는 오시오 다카시, 『사회보장의 경제학』(제4판, 일본평론사, 2013, 국내미출간)이 정평 나 있다. 이 책은 4장에서 그러했듯이 기업을 단순히 생산이나 비용의 관점에서 파악했을 뿐이며 그 자체가 유기적인 구조를 띠는 '조직'으로 논하지는 않았다. 이에 관해서는 고전 명저인 케네스 애로우, 『조직의 한계』(북코리아, 2014)가 여전히 새로운 것들을 알려줄 것이다. 6장에서 다룬 네트워크 외부성은 IT 사회에서 매우 중요한 주제인데, 폴 오이어, 『짝찾기 경제학』(청림출판, 2014)은 이 주제에 관한 좋은 책이다. 7장에서 언급한 독점금지법에 관해서는 시라이시 다다시, 『독점금지법의 요점』(제2판, 유히카쿠,

2010, 국내미출간)을 추천한다. 위 책에는 이 책에서 사례로 든 스타인웨이사의 피아노 병행 수입 저지에 관한 해설이 실려 있다.

9장에서 다룬 공공재의 자발적 공급은 사회가 어떻게 신뢰 관계를 구축하는지와 깊은 연관이 있는데 야마기시 도시오, 『안심 사회에서 신뢰 사회로—일본형 시스템이 나아갈 길』(중공신서, 1999, 국내미출간)이 대단히 흥미롭다. 10장에서 다룬 빈곤에 관해서는 어린이 빈곤 문제에 대해 큰 사회적 반향을 일으킨 아베 아야, 『어린이의 빈곤—일본의 불평등을 생각하다』(이와나미신서, 2008, 국내미출간)를 추천한다. '사회의 바람직함'을 논한 후생 경제학에 관해서는 다테누마 고이치, 『행복을 위한 경제학—효율과 형평의 사고방식』(이와나미주니어신서, 2011, 국내미출간)이 폭넓은 내용을 알기 쉽고 명료하게 설명했다. 소유권과 재분배의 사고방식에 관해서는 법철학 분야의 뛰어난 교과서인 다카카와 히로히데, 우사미 마코토, 오야 다케히로, 『법철학』(유히카쿠, 2014, 국내미출간)을 참고하기 바란다.

마지막으로 '독서'라고 할 수 있을 정도로 가볍게 읽기는 어렵지만 본문에서 언급한 논문을 적어 둔다. 3장에서 언급한 젠센과 밀러의 기픈재 연구는 Jensen, R. T. and Miller, N. H. (2008) "Giffen Behavior and Subsistence Consumption" American Economic Review, Vol. 98, No. 4, pp. 1553-1577이

다. 6장에서 언급한 카시오포 교수팀에 따른 미국의 온라인 데이트 연구는 Cacioppo, J. T. et al. (2013) "Marital Satisfaction and Break-ups Differ Across On-line and Off-line Meeting Venues" Proceedings of the National Academy of Science, Vol. 110, No. 25, pp. 10135-10140에 정리되어 있다.

마치며

올봄, 펩시콜라를 좋아하는 아버지가 집을 찾아오셨을 때 깜박하고 코카콜라를 내드렸더니 역시나 손도 대지 않으셨다. '아, 맞다. 또 깜빡했네' 하고 생각한 순간 이 책을 콜라 이야기에서 시작하기로 마음먹었다. 무슨 말인지 이해하지 못한 사람은 1장부터 이 책을 읽기 바란다. 지금의 나를 있게 해 준 아버지 사카이 아키라에게 깊은 감사의 인사를 전한다.

책을 쓰는 동안 게이오기주쿠대학, 일본 내각부, 일본경제연구센터에서 미시경제학 강의를 맡았다. 게이오대학 학생들은 물론 다양한 상황과 배경을 가진 사람들이 나와 교류하며 이 책의 내용을 개선해 주었다. 수강생과 운영 담당자에게 지면을 빌려 감사의 말씀을 드린다.

전체 초고를 읽으며 상세한 의견을 준 게이오기주쿠대학의 오카모토 노리아키와 아내 마리요에게 감사의 마음을 전한다. 그리고 집필하는 데 힘을 북돋워 준 딸 아야카와 아들 이쓰키에게도 고마움을 전한다.

전작인 『다수결을 의심하다』에 이어 이 책을 편집하는 데 이와나미신서 편집장인 나가누마 고이치 씨가 많은 도움을 주었다. 때로는 부처님처럼, 때로는 귀신처럼 이끌고 밀어주며 이 책을 완성할 수 있게 한 나가누마 편집장의 수완에 감복하며 감사의 인사를 전한다.

2017년 2월 8일
사카이 도요타카

옮긴이의 말

'미시경제학'이라는 이름만 들어도 머리가 지끈지끈해진다. 경제학 공부는 갈 길이 구만리인데 미시경제학은 어렵고, 어떤 책을 봐도 무슨 말인지 이해가 안 된다. 그러던 중 혹시나 하는 마음에 이 책을 집어 든 독자가 많지 않을까 한다. 나도 대학에서 경제학을 공부했는데, 미시경제학이 너무 어려워서 속상한 마음에 문제를 풀다 말고 도서관 화장실에 숨어 운 적이 있다.

현대 경제학 이론은 수학으로 이루어졌다고 해도 과언이 아니다. 일본 유학 시절, 언어도 완벽하지 않을 뿐더러 수학 실력마저 부족했던 나는 좋아서 고른 전공이었음에도 수업 내용을 잘 따라가지 못해 항상 빈 강의실에 남아 나머지 공부를 하곤 했다. 교수님은 수업 때와는 사뭇 다른 분위기에서 편하게 책상에 나란히 걸터앉아 경제학 개념을 이해할 때까지 표현을 바꾸어가며 설명해주셨다. 수업에서 다루지 않은 예까지 들어가면서, 필요할 때는 책상에서 폴짝 뛰어내려 칠판에 쓱쓱 그래프를 그리셨다. 이 책의 저자도 분명 나와 같은 독자를 상상 속에서 마주 앉혀두고, 1장에 등장한 콜라에 대한 자신의 취향을 예로 들어 콜라 캔을 쌓아가며 '이해가 안 되면 될 때까지'라는 뜨거운 마음으로 책을 집필했을 것이다.

이 책의 저자 사카이 도요타카는 1975년생의 젊은 학자다. 일본은 국내에서만 박사학위를 받아도 교수 임용에 큰 문제가 없는데, 3장 첫머리에 나오듯이 힘든 미국 유학 생활을 꾸역꾸역 견디며 박사학위를 받은 보기 드문 사람이다. 학부는 명문 사립인 와세다대학을, 석사과정은 경제학으로 이름난 국립 고베대학에서, 박사과정은 미국 로체스터대학에서 마쳤다. 그리고 귀국 후에는 요코하마시립대학과 요코하마국립대학을 거쳐 출신 학교인 와세다대학의 오랜 라이벌 게이오기주쿠대학의 경제학부에서 교편을 잡고 있다. 학부, 석사, 박사, 교수 임용 후 거친 학교가 모두 다른, 교수 사회의 순혈주의와는 동떨어진 모습을 보인다. 이러한 저자의 경력은 저서에도 고스란히 드러나, 참신한 문제의식과 독특한 접근방식으로 저술에도 힘쓰고 있다. 한창 연구와 교육, 저술에 열정을 불태우는 젊은 교수가 미시경제학을 어렵게만 느끼는 독자를 다독여서 어떻게든 경제학의 재미를 깨닫게 해주려는 문체가 돋보인다.

　이 책은 수업 시간이나 딱딱한 전공 서적에서는 다루기 힘든 콜라에 대한 '저자 개인의' 이야기로 포문을 연다. 그리고 기존 경제학 책의 문법도 철저히 무시했다. 단편적으로 예를 들자면 무차별곡선은 일반적인 재화, 완전대체재와 완전보완재, 비재화 등 기타 특수한 재화의 순으로 설명하는 것이 일반적인데, 알기 쉽게 설명하기 위해 이러한 구성과 순서에서 완전히 벗어나 저자 개인의 콜라 선호도(완전대체재), 저자 아버지의 콜라 선호도(중립재), 신발의 사례(완전보완재) 순으로 설명했다. 예시로 친근한 재화나 서비스를 드는 책은 많지만, 이렇게까지 '독자의 이해'를 최우선으로 고려한 책은 보기 드물다고 확신한다. 물론 이 책은 저자가 말한 대로 '입문의 입문'이기 때문에 다루지 못한 개념도 많다. 하지만 이 책을 통해 미시경제학의 큰 그림을 스스로 그리는 힘을 기르고 나면 미시경제학이 그렇게 두렵지만은 않을 것이다.

　어렵긴 하지만 미시경제학은 알고 보면 참 재밌는 학문이다. 독자들은 알아차렸을 테지만 이 책에는 뉴스나 신문에서 접한 단어들이 많이 나온다. 미시경제학은 우리의 삶을 설명하는 유용하고 재밌는 도구다. 그뿐 아니라 미시경제학은 현대 경제학을 받치는 커다란 기둥 가운데 하나다. 미시경제학을 정복하지 않고는 오늘날 경제학을 온전히 이해했다고 보기 어렵다. 이 책이 미시경제학으로 고민하는 여러분에게 등불이 되기를, 미시경제학이라는 창을 통해 더 넓은 세상과 마주하기를 저자와 한 마음으로 기원한다.

2018년 5월
신희원

찾아보기

미시경제학 한입에 털어 넣기
경제학 초보자를 위한 입문의 입문

1판 1쇄 인쇄 2018년 5월 17일
1판 1쇄 발행 2018년 5월 24일

지은이 사카이 도요타카 ┃ 옮긴이 신희원
편집 백진희 김혜원 ┃ 표지 디자인 가필드

펴낸이 임병삼 ┃ 펴낸곳 갈라파고스
등록 2002년 10월 29일 제2003-000147호
주소 03938 서울시 마포구 월드컵로 196 대명비첸시티오피스텔 801호
전화 02-3142-3797 ┃ 전송 02-3142-2408
전자우편 galapagos@chol.com

ISBN 979-11-87038-29-0 (03320)

이 도서의 국립중앙도서관 출판예정도서목록(CIP)은 서지정보유통지원시스템 홈
페이지(http://seoji.nl.go.kr)와 국가자료공동목록시스템(http://www.nl.go.kr/
kolisnet)에서 이용하실 수 있습니다.(CIP제어번호: CIP2018013445)

갈라파고스 자연과 인간, 인간과 인간의 공존을 희망하며, 함께 읽으면 좋은 책들을 만듭니다.